医学类课程
思政教学
优秀案例集

主编 王红梅 胡伟玲 陈 光

YIXUELEI KECHENG
SIZHENG JIAOXUE
YOUXIU ANLIJI

北京科学技术出版社

图书在版编目（CIP）数据

医学类课程思政教学优秀案例集 / 王红梅，胡伟玲，陈光主编. —北京：北京科学技术出版社，2024.8

ISBN 978-7-5714-3440-3

Ⅰ.①医… Ⅱ.①王… ②胡… ③陈… Ⅲ.①思想政治教育-教案（教育）-高等学校 Ⅳ.①G641

中国国家版本馆 CIP 数据核字（2023）第 226184 号

责任编辑：	张　田
责任校对：	王晶晶
责任印制：	李　茗
封面设计：	昇一设计
版式设计：	崔刚工作室
出 版 人：	曾庆宇
出版发行：	北京科学技术出版社
社　　址：	北京西直门南大街 16 号
邮政编码：	100035
电　　话：	0086-10-66135495（总编室）
	0086-10-66113227（发行部）
网　　址：	www.bkydw.cn
印　　刷：	北京宝隆世纪印刷有限公司
开　　本：	787 mm×1092 mm　1/16
字　　数：	180 千字
印　　张：	7.75
版　　次：	2024 年 8 月第 1 版
印　　次：	2024 年 8 月第 1 次印刷

ISBN 978-7-5714-3440-3

定　　价：52.00 元

编者名单

主　编　王红梅　胡伟玲　陈　光

副主编　赵春娟　范晓艳　莫选荣

编　者　（按姓氏笔画排序）

王红梅　王欣鹃　孙东升　李翠萍

杨晶金　吴仲敏　汪旭明　陈　光

陈王洋　范晓艳　林君红　罗心静

金岳雷　赵春娟　胡伟玲　耿秀超

莫选荣　黄　芳　梁珍红

前　言

2020 年 5 月教育部印发的《高等学校课程思政建设指导纲要》指出:"为深入贯彻落实习近平总书记关于教育的重要论述和全国教育大会精神,贯彻落实中共中央办公厅、国务院办公厅《关于深化新时代学校思想政治理论课改革创新的若干意见》,把思想政治教育贯穿人才培养体系,全面推进高校课程思政建设,发挥好每门课程的育人作用,提高高校人才培养质量。"党的二十大报告也指出:"教育是国之大计、党之大计。培养什么人、怎样培养人、为谁培养人是教育的根本问题。育人的根本在于立德。全面贯彻党的教育方针,落实立德树人根本任务,培养德智体美劳全面发展的社会主义建设者和接班人。"

台州学院高度重视并出台了《台州学院课程思政建设工作方案》等文件,同时成立了台州学院课程思政建设工作专班,台州学院医学院也成立了医学类课程思政领导小组和研究分中心。

根据台州学院"应用性、地方性、综合性、高教性"的办学定位,遵循学校"忠诚、奉献、合作、进取"的核心特质人才培养目标,弘扬大陈岛垦荒的"艰苦创业、奋发图强、无私奉献、开拓创新"精神,结合医学专业特点,我们凝练出医学院思政元素"爱岗敬业、尊重平等、诚信严谨、友善关爱、团队协作、仁心仁术"。在医学院课程思政课程教学中注重加强医德医风教育,着力培养学生"敬佑生命、救死扶伤、甘于奉献、大爱无疆"的医者精神,注重加强医者仁心教育,在培养学生精湛医术的同时,教育引导学生始终把人民群众生命安全和身体健康放在首位,尊重患者,善于沟通,提升个人综合素养和人文修养,提高依法应对重大突发公共卫生事件的能力,做党和人民信赖的好医生、好护士。

我们从各专业实施课程思政教学改革的课程中筛选了一些优秀课程,组织编写了这本《医学类课程思政教学优秀案例集》,将价值观融入对学生的知识传授和能力培养之中。每门课程从课程概况、课程目标、思政元素、设计思路、育人元素实施案例、特色与创新、教学效果等部分组织编写。将思政案例以生动的表现形式、易于接受的方式全面融入课程教材,使书中的思政内容有温度、有触感、有质量,让立德树人"润物无声",对学生的思想意识、行为举止产生积极的影响。

立德树人的成效是检验高校一切工作的根本标准。面对新形势、新任务、新要求,通过高校课程思政建设,进一步提升教师立德树人思想境界,推进课堂质量革命,形成育人工作合力,任重而道远。希望本书能为高校教师开展课程思政教学提供启示,为各医学院校实施高质量的课程思政建设和医学人文教育提供参考。

本书适合医学类专业师生参考使用。由于将思政元素与医学人文有机结合并贯穿于医学类专业教育教学的实践还处在探索和提高阶段,本书作为这方面的探索成果,难免有不当或者谬误之处,敬请读者批评指正,以便今后修订完善。

王红梅

2023 年 10 月

目 录

第 1 章

系统解剖学

一、课程概况

系统解剖学是医学专业基础课程,学生可通过对该课程的学习,全面理解人体的正常形态结构,培养自身医学素养,体会生命的伟大,感悟科学精神,为以后的职业发展奠定坚实的思想基础和知识基础。系统解剖学课程中包含着丰富的科学精神、生命观等思政元素,具有融合课程思政的基础。同时,课程思政的引入也能使系统解剖学在教学方面更好地实现立德树人的目标。

系统解剖学课程内容可分为运动系统、内脏学、脉管系统、感觉器、神经系统和内分泌系统 6 个模块,各模块中均蕴含着丰富的思政元素,挖掘和提炼系统解剖学课程所蕴含的思政元素,梳理专业知识与思政元素的切入点,并融入课程教学的各个环节,有助于推行和实施课程思政建设。本课程以"系统解剖学 6 大模块的教学"为主线,以"专业知识教学"为引导,渗透融入相关思政案例,开展思政教育,培养学生救死扶伤的使命和爱国情怀。

本课程共 56 学时,3.5 学分,临床医学专业大一学年开课,采用线上线下混合式教学。课程线上部分依托浙江省高等学校在线开放课程共享平台,线下部分在多媒体教室集中授课。

二、课程目标

1. 知识目标

全面而准确地说出人体各系统的器官名称、器官的形态和结构特征,准确描述器官间的毗邻关系,能够根据器官的结构特征推理出其生理功能,并能理解器官病变时可能出现的病理变化以及临床表现。

2. 能力目标

借助浙江省高等学校在线开放课程共享平台和雨课堂教学软件,通过线上线下课前预习、课后复习环节,培养学生的自主学习能力;结合病例分析,提高学生的临床思维能力和综合分析解决问题的能力。

3. 价值目标

培养学生的科学精神、奉献精神、感恩之心,激发学生对生命、对社会的责任感,引导学生树立健康意识、珍惜生命意识,帮助学生树立正确的价值观,从而培育出德才兼备的医学人才。

三、思政元素

2020年5月,教育部印发了《高等学校课程思政建设指导纲要》,对医学类专业的课程思政提出了明确要求——要在课程教学中注重加强医德医风教育,着力培养学生"敬佑生命、救死扶伤、甘于奉献、大爱无疆"的医者精神,注重加强医者仁心教育。系统解剖学课程的思政元素如下。

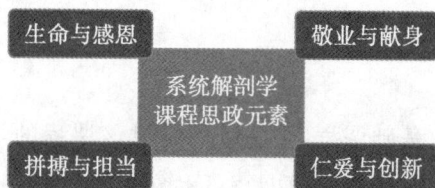

1. 生命与感恩元素

(1)在人体科学馆里感受生命。解剖学第一堂课常规带学生参观人体科学馆,启迪学生对生命的思考,让学生感受人体器官的独特、生命的神奇、生命的脆弱、优生的重要性。

(2)利用浙江省高等学校在线开放课程共享平台进行关于生命文化的头脑风暴、答疑讨论等活动,从而打造热爱生命、敬畏生命的核心理念。

(3)在"无言良师"面前学会感恩。在解剖学第一次实验课开始前,所有学生肃立在大体老师面前,向大体老师默哀1分钟,接着宣读解剖学誓词:无言良师,授吾医理;敬若先贤,临如活体;谨言躬行,追深辨细;德彰术精,锤成大医。让学生学会尊重大体老师,引导学生学会感恩,崇尚科学。

2. 敬业与献身元素

(1)重温解剖学发展历程。通过追寻人体解剖学发展历程中令人难忘的足迹,揭示人类认识和探索自身奥秘的艰辛和反复。在解剖学绪论课堂,教师介绍"解剖"一词最早出现在中国最古老的医学典籍《黄帝内经·灵枢》中,而"人体结构"一词在《黄帝内经八十一难》中呈现,因此,《黄帝内经》是中国解剖学的根,而清代王清任著的《医林改错》是中国第一部解剖学著作,第一部影响最深远的解剖学教科书是英国亨利·格瑞所著的《格氏解剖学》等,让学生了解解剖学历史,清楚解剖学是一门具有深厚文化底蕴和内涵的学科,是一门值得好好探讨和研究的学科。

(2)讲授先辈解剖学家的故事,特别是解剖学家敢于突破传统思想禁锢、开拓创新的精神。这有助于提高学生的综合素质,向学生传递敬业担当精神。如在讲解心脏结构时介绍16世纪比利时解剖学家安德烈·维萨里的故事,维萨里不顾教会的阻挠,跑到坟地、刑场里找人的尸体,把尸体搬进课堂,一边解剖,一边讲给学生们听,29岁时发表了名著《人体构造论》。

3. 拼搏与担当元素

(1)结合相关人体结构知识举例介绍渐冻人霍金、脊髓高位截瘫患者张海迪等人身残志坚、勇于拼搏的事迹,激励学生积极拼搏,勇攀科学高峰,勇于担当医者使命。

（2）举例新冠疫情期间广大医务人员不顾自身安危奋力前行抗疫的壮举,坚定学生为医学事业积极拼搏的决心。

4.仁爱与创新元素

（1）在解剖实习课堂中以"误作知害"为例,培养学生的仁爱之心,结合医务工作者宽仁慈爱、爱护同情患者的真实案例,传递医生职业的仁爱理念。

（2）通过对胃镜、仿生眼等发明的介绍,彰显科技创新的神奇和力量,激发学生不断探索创新。

四、设计思路

1.思政元素与专业知识衔接及实施方法

以"敬佑生命"为主线,将尊重生命、敬畏生命、感恩生命和善待生命的理念融合到整个教学过程中,并将课堂教学和课外实践有机结合,使课程思政的目标更具有针对性,充分体现人体解剖学的课程特色。本教学团队通过统一认识、规范路径、选取典型案例等努力将本课程打造成一门"有温度的生命大课",建设成具有台州学院特色的"课程思政品牌课"。系统解剖学课程思政育人的具体设计思路如下图。

明确目标 ➡ 筛选知识点 ➡ 挖掘元素
⬇
优化作用 ⬅ 反馈效果 ⬅ 融入案例

2.课程思政的具体内容、目标及教学方法

序号	教学内容	思政元素	思政载体	教学方法
1	关节	关爱、体恤劳动者疾苦	长期从事负重劳动与关节损伤	实验演示,活体体验
2	脊柱	科学健身	椎间盘突出症的易患因素	实物模拟
3	股骨颈	关爱尊敬长辈	老年股骨颈骨折	实验演示,文献查阅
4	胃	培养科学发明的兴趣	胃镜的发明历程	课堂讲解
5	乳腺	使命感和危机感	乳腺癌为全球女性第一大癌症	查阅文献
6	食管	勇攀科学高峰	我国临床医生首创食管拉网检查脱落细胞	猪新鲜食管实验
7	肺	无畏、忘我、担当	张伯礼院士的伟大抗疫精神	抗疫纪录片
8	支气管	科学发明与创新	支气管镜的发明创新	新鲜猪呼吸道解剖演示
9	心脏	献身精神	窦房结自动节律性与人工起搏器	视频,新鲜猪心解剖演示

（续表）

序号	教学内容	思政元素	思政载体	教学方法
10	动脉	误作知害	大动脉误伤致失血性休克	场景式教学法，反思式学习
11	神经	仁爱与创新	器官移植、器官捐献，中国脑计划	自主查阅资料
12	神经元	拼搏与献身	斯蒂芬·威廉·霍金与渐冻症，运动神经元病	查阅文献
13	脊髓	拼搏与献身	张海迪，高位截瘫	课堂讲述
14	听小骨	敬业与担当	精益求精的听小骨链	实验演示
15	眼睛	创新精神	仿生眼的发明	课堂讲述
16	脑垂体	坚持与毅力	广东先天性脆骨病患者李创利的创业故事	课堂讲述

五、育人元素实施案例

项目	内容
案例名称	走进人体科学馆，感受生命的真谛
教学内容	人体解剖学第一课——绪论
思政元素	生命与感恩教育
案例描述	台州人体科学馆创建于 2011 年，至今已接待数万人次的校内外参观者。科学馆内收藏了人体各系统标本 2000 余件，分为 8 个展区：胚胎优生、塑化标本、断层影像、管道铸型、内脏器官、运动血管神经、学生自制标本及综合标本展区。展区采用实体与图文、形态与功能、健康与疾病、教学与临床紧密结合的方式展示生命的起源、生命的真谛、人体的构成、人体的功能，疾病的起因及防治等知识。在人体科学馆里感受生命的力量，启迪学生对生命的思考，感受人体器官的独特、生命的神奇、生命的脆弱、优生的重要性
案例实施方案	1. 课前通过医学院临床医学协会发放的人体科学馆简介资料，让学生了解人体科学馆概况 2. 向浙江省高等学校在线开放课程共享平台上传数字化人体科学馆标本资源信息，让学生可以在线上体会生命的意义 3. 人体解剖学第一课安排在人体科学馆内授课，实地参观科学馆内的人体器官，让学生感受生命的神奇、人体的奥妙 4. 每周四下午由高年级学生结合临床疾病案例给来人体科学馆参观学习的学生讲述科学馆内各展区的人体知识，激发学生的好奇心、进取心 5. 课堂上授课老师结合遗体捐献事迹，讲授人体器官标本的弥足珍贵，启发学生爱惜生命、学会感恩、珍惜实验标本 6. 课后布置作业，围绕"生命与感恩"主题，要求每位学生写出 1000 字以上的感恩报告 7. 组织学生举行"生命与感恩"主题汇报会，畅聊对生命的领悟、对感恩的理解

（续表）

项目	内容
案例意义	人体解剖学绪论课堂走进人体科学馆,感受生命的真谛。在胚胎标本展区,不同阶段的胚胎标本,印证了胚胎在母体中孕育长大成为新生儿的动态过程,展示了生命孕育的神奇和伟大,让学生强烈地感受到小生命在母体子宫内发育长大并顺利降临到人间的艰难历程。在病理标本展区,展示着各种病变人体器官,有的管壁上长出了好几个肿块,有的管壁溃烂成烧瓶样……让学生为自己能够拥有健康的身体而感到骄傲!存放在有机玻璃缸内的人体器官,有心脏、肝、肾、肺、胃……还有完整的婴儿标本,让学生亲身感受到人体结构的奥秘,直观地学习到很多疾病知识,拓宽学生的视野。正如有位同学在课后留言中所说:"小生命真可爱,生命诞生可神奇,畸变发生太不幸,现实残酷又美好,我们立志去探索,定把美好留人间。"通过参观人体科学馆,同学们对生命有了更深的理解,并由衷地坚定了献身于医学事业的意志和决心!

六、特色与创新

1. 精选课程思政题材案例

分析人体解剖学课程各模块的知识点,结合课程思政元素,分门别类地选取相关思政案例。①著名科学家的成长经历,科学家面对科研挑战迎难而上解决重大科研问题的故事。医学名家的优秀事迹能够指导学生树立远大理想,建立爱岗敬业的价值观,培养崇高的医德医风。如屠呦呦、钟南山的故事,能够很快地激发学生的学习兴趣,引导学生主动探索,为以后成为德才兼备的医务人员做好准备。②结合我国医药发展大事记,以明代李时珍著《本草纲目》、1965年我国科学家首次人工合成结晶牛胰岛素、2015年屠呦呦因发现青蒿素获诺贝尔奖等为例,使学生了解传统医学的博大精深及现代医学的奋起发展,培养学生的家国情怀。③结合相关章节知识点讲述医疗领域中的十大发明,激发学生探索创新的热情。④生命文化类题材是课程思政一大亮点,解剖学实验的重要地点——人体科学馆汇聚了大量精细的人体标本,在人体科学馆里,教师引导学生了解每一个珍贵标本,探索其中的医学奥秘,使学生在学习的同时认识生命、尊重生命和感恩生命。⑤疾病相关案例,以常见病、多发病,如心绞痛、心力衰竭、糖尿病为关键点设计案例,围绕国际性的疾病日,如世界高血压日、世界睡眠日、世界阿尔茨海默病日等设计案例,通过案例中的疾病-人体相关元素,系统化培育学生的医德精神及人文素养。

2. 全程渗透课程思政元素

在系统解剖学课前、课中以及课后环节渗透课程思政元素。课前主要利用浙江省高等学校在线开放课程共享平台进行关于生命文化等思政元素的头脑风暴、答疑讨论等活动,从而打造热爱生命、敬畏生命的核心理念,传播积极的精神层面的生命文化;课中结合各模块知识点融合相关思政元素,如在绪论课中融入解剖学发展史、历代解剖学家的故事等,在讲述消化器官时引入食管拉网脱落细胞检查技术、胃镜的发明史等;课后环节则充分利用第二课堂活动落实课程思政元素,如每学年的第一学期常规举行人体讲师比赛、全天候开放人体科学馆活动,第二学期常规举行人体器官绘画比赛、人体解剖学知识竞赛等,通过这些形式多样的第二课堂活动不断深入融合课程思政教育。

七、教学效果

1. 系统解剖学课程思政教育的效果

系统解剖学课程思政教育贯穿于课程学习的全过程,寓课程思政案例教育于课程教学的课前、课中、课后诸环节中,提高了课堂教学效果的同时,发挥了德育的重要作用。课前向浙江省高等学校在线开放课程共享平台上传课程思政相关案例,利用线上头脑风暴、答疑讨论等活动,落实课程思政育人目标,增强学生仁爱理念,激发学生立志献身于医学事业的决心;课中根据课程各模块知识点内容,筛选针对性思政案例,巧妙地融合到知识点教学之中,落实仁爱、献身、拼搏、担当、敬业、创新、感恩、生命等课程相关思政元素目标;课后充分利用系统解剖学第二课堂活动,不断引入课程思政元素,通过组织人体讲师比赛、人体科学馆人体知识宣讲、人体器官绘画比赛、解剖学知识竞赛等活动渗透课程思政教育元素。接受过思政教育的学生,学习态度变得更加认真,面对无言良师时更加敬畏,动手解剖时更加细致,对专业知识的认识更加深刻。同时,寓感恩与生命教育于实践教学,不仅强调解剖技能的传授,还注重引领学生深刻领悟医学事业的内涵和意义,引导学生对生命意义的思考、对责任意识的审视。

本课程在浙江省高等学校在线开放课程共享平台运行 8 期,累计选课学校 80 所,课程访问 32 万余人次,选课学生 3000 多人。2022 年,本课程被评为浙江省高等学校线上一流本科课程。

2. 系统解剖学课程思政教育的反思

在系统解剖学课程思政教育实践过程中也存在一些问题,有待我们深入思考和解决。首先,教师要不断提高自身的思想认识水平,充分认识课程在培养学生成才成人中的重要作用,擦亮立德树人的课程底色;其次,要充分挖掘课程思政元素,并在各模块教学中有机融入思政案例,使教学活动更加吸引学生、感染学生、启发学生思考;最后,要充分利用课前、课中、课后教学各环节,全程融入思政教育元素,特别是"医学人文、感恩教育"元素,通过挖掘、提炼思政要素,不断提高课程思政教育的教学效果。

(吴仲敏)

第2章

生理学

一、课程概况

生理学是医学、护理等专业的主干课程,研究和揭示了人体正常生命活动的规律及生理功能,并阐述其产生机制及内外环境变化对这些活动的影响。在生理学教学中,挖掘课程思政资源,将其有效地融入生理学课程中,从不同的角度选取适当的事例进行讲述,不断引发学生对学习的兴趣,促进学生对学习的内容进行深入的思考,提高教学内容与思政要素相融合的教学水平,培养学生积极探索和创新、不断追求科学真理、勇于攀登科学高峰的精神。

护理专业的生理学课程共 56 学时,3.5 学分,以超星学习通平台为依托开展线上线下混合式教学,获 2021 年校级线上线下一流本科课程。

二、课程目标

通过对生理学的学习,理解和应用现代生理学的基本理论、基本知识和基本技能,学会从分子、细胞、组织、器官、系统水平和整体水平理解人体的各项正常生理功能,并阐明其发生机制和活动规律,以及内外环境变化对这些活动的影响,为学习相关后续的基础与临床课程奠定基础。

1. 知识目标

(1)通过学习,使学生掌握与熟悉生理学的基本概念和基本理论,要求透彻理解,进而在理解的基础上记忆。

(2)了解生理学的新进展和研究方法。

2. 能力目标

(1)能够运用生理学知识解释人体生理活动形成的机制、影响因素及生理功能的调节。

(2)能够用生理学的基本理论解释相关的临床实际问题。

3. 素质目标

(1)通过本门课程的学习,找到有效的学习方法,养成良好的学习习惯,树立自主学习和终身学习理念。

(2)具有良好的职业道德和行为规范,尊重、关心、爱护患者,具有团队合作精神。

三、思政元素

生理学的发展是整个生命科学发展的缩影,有着丰富的课程思政资源,深入挖掘后形成如下思政元素。

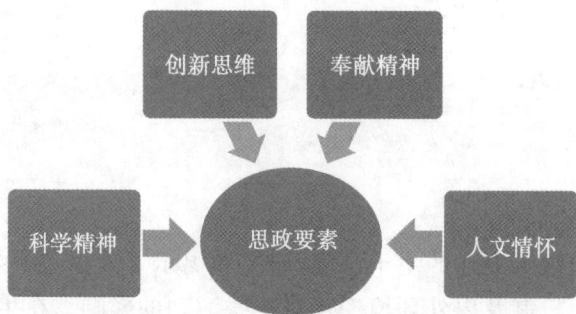

通过深挖生理学课程及教材中的思政元素,讲好科学家爱国奉献的感人故事,大力发扬爱国主义精神,让学生树立正确的世界观、人生观和价值观;通过这些故事,激发学生崇尚科学、献身科学、造福人类的科学精神;在实验中教育学生敬畏生命、关爱生命,让学生对为人类健康献身的实验动物有感恩之心、充满关爱生命的医学人文精神等。

1. 崇尚科学精神

培养学生的科研创新能力是决定医学教育质量和学科发展的关键所在,通过讲授医学家故事可以激发学生的创新精神。例如,班廷是加拿大生理学家和外科医师。糖尿病是现在常见的一种疾病,患者主要表现是血糖高、尿糖高等症状。在班廷成为医生后不久,便对糖尿病产生了极大兴趣,而在他所处的那个时代,得了糖尿病就意味着慢性死亡,没有合适的治疗方法。班廷选择了狗进行实验,结扎狗的胰管,7个星期后,狗的胰腺都萎缩了,且失去了消化器官的功能,但是胰岛看上去是完好的。他和助手进一步分离出胰腺内的一种液体,用于切除胰腺而得糖尿病的狗,令人吃惊的是,狗的糖尿病症状很快得到了改善,这种液体被称为insulin(胰岛素)。因为对临床治疗糖尿病做出的贡献,班廷获得了1923年的诺贝尔生理学或医学奖。这样的故事还有很多,如斯科发现钠泵、洛伊和戴尔发现神经递质乙酰胆碱、卡尔森发现神经递质多巴胺等。通过对故事的讲述和讨论,培育学生崇尚科学、求真务实、勇于进取的精神。

2. 激发创新思维

现代医学日新月异,学生需要不断更新知识并具有相应的创新能力,通过医学家的故事及有意识的训练可以启发学生的创新思维。例如,兰德斯坦纳生于奥地利首都维也纳,在他早期的训练中,便对化学研究表现出了极大的兴趣。1900年在维也纳病理研究所工作的时候,他发现了甲者的血清有时会与乙者的红细胞凝结的现象,对此他很感兴趣,当时医学界并没有足够重视这一现象,但它的存在对患者的生命是一个非常大的威胁,输血的患者死亡率极高。于是兰德斯坦纳开始了研究。他通过实验确定了A、B、O血型系统,至此现代血型系统正式确立,为安全输血铺平了科学之路。兰德斯坦纳也因此贡献获得了1930年的诺贝尔生理学或医学奖。

3. 倡导奉献精神

比如诺贝尔奖获得者巴里·马歇尔为了证实幽门螺杆菌的存在及其对胃黏膜的致病性,打破胃内细菌难以生存及不致病的传统观念,他喝下了培养在试管里的幽门螺杆菌,不久后便得了胃溃疡,从而证明了幽门螺杆菌的致病性,开创了消化性溃疡研究的新纪元。诺贝尔奖获得者福斯曼将导管插入自己的静脉一直到达心脏,发明了心导管,推动了血流动力学在心血管疾病中的应用。诺贝尔奖获得者屠呦呦多年来坚持研究青蒿素对疟疾的作用,克服困难,取得了令人瞩目的成绩,挽救了数百万患者的生命。这些真实的故事,对学生都会有很好的激励和启发作用,希望同学们能通过这些事例,培养自己持之以恒、永不放弃、献身科学、造福人类的奉献精神。

4. 培育人文情怀

在教学过程中,随时利用身边的实例引导学生,培植其良好的医德医风和人文修养,比如生理学实验中需要牺牲大量的动物,及时向学生传递动物福利与动物伦理理念,让他们知晓实验动物为医疗发展及人类健康做出了巨大贡献。教育学生要尊重、善待实验动物,实验结束后及时组织学生为实验动物举行默哀仪式,培养他们敬畏生命、善待生命、学会感恩、懂得回报,进而教育学生尊重患者,因为医学走到今天是无数医务工作者和患者共同携手甚至是牺牲换来的。培养学生科学严谨的工作态度,救死扶伤、关爱伤患等职业道德素养和人文情怀,对和谐稳定医疗服务市场有着积极的意义。利用院训和第三课堂等活动,增强学生的医学人文精神,激发他们将高尚医德与精湛医术作为终生的职业追求,为实现卓越医学梦勇毅前行,答好台州学院医学生新时代考卷。

四、设计思路

1. 思政元素与专业知识衔接

生理学的教学框架设计按照人才培养方案要求,体现创新思维、以学生为主体、全程贯穿素质教育等现代教育新观念,力求构建我校新的生理学课程体系,更新、拓展课程内容。在教学过程中,将思政案例融入教学内容,以超星学习通平台为载体,开展线上线下混合式教学模式,既体现生理学的基本内容,又充分反映最新科技成果,紧跟世界科学发展的步伐,并不断引入新的教学方法和手段,将其渗透到专业教育的教学内容中,融传授知识、培养能力和提高素质为一体。

2. 课程思政具体内容、目标及教学方法

序号	教学内容概述	思政元素	思政载体	教学方法
1	绪论	家国情怀 科研精神	生理学家林可胜在胃液分泌研究中的卓越贡献	课堂讲解
2	细胞的基本功能	科学精神 创新精神	钠离子和钾离子通道	课堂讲解
3	血液	职业精神 奉献精神 社会责任	输血案例	案例教学 视频教学 翻转课堂

(续表)

序号	教学内容概述	思政元素	思政载体	教学方法
4	血液循环	科学精神 创新精神	血液循环的发现	案例教学
5	呼吸	家国情怀 奉献精神 制度自信	2020年中国在新冠疫情防控和疫苗研发方面的成果	案例教学 翻转课堂
6	消化与吸收	科学精神 奉献精神	幽门螺杆菌的发现	案例教学 翻转课堂
7	能量代谢与体温	家国情怀 奉献精神 团队合作	屠呦呦与青蒿素的故事	课堂讲授
8	尿的生成与排出	科学精神 创新精神	水通道的发现	课堂讲授
9	神经系统的功能	科学精神 创新精神	卡尔森发现神经递质	课堂讲授
10	内分泌	科学精神 创新精神	胰岛素的发现	案例教学
11	生殖	奉献精神 职业精神	我国著名的临床医学家和医学教育家林巧稚在妇产科临床和医学教育方面的贡献	课堂讲授

五、育人元素实施案例

项目	内容
案例名称	飞来横祸
案例所属教学内容	血型及输血原则
思政元素	职业精神、奉献精神、社会责任、医者仁心
案例描述	教学案例:飞来横祸 情境1:2018年8月的某一天,甬台温高速突发一起车祸,导致一个7岁的小女孩全身多处受伤,失血性休克,生命危在旦夕。家属能否给患者输血?为什么? 情境2:小女孩经血型鉴定为AB型血,Rh(-),即俗称的熊猫血。 (1)血型该如何判断? (2)何谓熊猫血? 情境3:小女孩的妈妈表示,自己与女儿是同型血,坚持要献血。作为护士,你如何跟患者家属解释?又如何把好临床输血的安全关?

（续表）

项目	内容
案例描述	情境4：护士从血库取血后，担心血液温度太低导致患儿体温进一步下降，就将血液放在温水中加温后给患儿输入。当输入 80 ml 左右时，患儿出现恶心、四肢麻木、腰背部剧痛。请问：发生上述反应的原因可能有哪些？护士应该采取哪些措施？患儿除了上述症状外，还可能出现哪些临床表现？如果患儿死亡，可能有哪些原因？ 思政案例：爱心传递 "熊猫侠"蒋永和得知自己的血型是 AB 型 Rh（－）后，他带头成立了北京稀有血型永和救援团队，近 2000 次无偿献血，感动中国
案例实施方案	1. 课前发布章节学习内容和教学目标 2. 上传视频教学案例"飞来横祸"及思政案例"爱心传递"至超星学习通平台供学生观看 3. 在超星学习通平台讨论区围绕血型及输血原则的知识点展开讨论，教师在平台区引导学生学会自主学习和知识检索 4. 上课时以"滴血验亲"导入，激起学生探究的兴趣，再以案例"飞来横祸"引出输血与血型，引导学生解决问题，突破教学的重点和难点，以感动中国的"熊猫侠"近 2000 次无偿献血的案例来传递爱心和正能量 5. 教师总结并讲解本章节的重要知识点，解答学生疑问 6. 课后发布作业，检测学习效果
案例意义	输血是护理专业学生必须掌握的关键技术，血液来源于人体，救患者于危急，因此，从献血、血液的保存、血型鉴定到安全输血的每个环节都至关重要。通过情境呈现和设问，引导学生关注输血技术的同时，了解临床特殊血型需求、感受患者家属的焦虑，设身处地理解患者、关爱患者，培养学生的职业精神；通过爱心传递和献血英雄的故事，传递正能量，鼓励学生自愿献血，尊重科学，为社会奉献一份爱心

六、特色与创新

当前医学教育最难突破的瓶颈，是理论与临床脱节和学生的人文素质跟不上学科发展，我们的创新与特色就是对焦解决问题。

1. 以案例为引导的临床情境教学

临床情境教学可以让学生身临其境，通过探究解决临床实际问题，促进理实衔接。比如在血液与输血中，以"滴血验亲"导入，激起学生探究的兴趣，再以案例"飞来横祸"引出输血与血型，层层递进，引导学生解决问题，突破教学的重点和难点，以感动中国的"熊猫侠"近 2000 次无偿献血的案例来传递爱心和正能量；用输错血案例给学生以警示；通过解读诺贝尔奖，培育学生的科学精神，激发其创新潜能等。

2. 以执业为导向的双师联教

基础课程临床带，聘请临床医生加入教学团队，采集真实的案例和前沿动态，增加课程的吸引力，提高学生分析和解决问题的能力，同时引导学生形成高尚的职业情感和职业价值观。

3. 以深耕"两性一度"为标准的拓展学习

利用平台优势,将教学内容的深度和广度拓展延伸,融入医学前沿知识,培育学生的创新思维和人文情怀。

4. 以全程育人为目标的多维评价

将思政元素融入教学案例,化作知识大餐的调味剂,通过学生分析讨论、交流分享、解决问题等过程,促使学生设身处地、换位思考。所有环节都被纳入考核体系,点点滴滴,春风化雨,实现立德树人的教育目标。

七、教学效果

近 3 年学生评教情况如下。

教学年度	2019 年	2020 年	2021 年
评教分数	97.7994	99.6418	99.60
教学业绩	A	A	B

学生学科竞赛成效显著。近 5 年内,指导学生参加大学生生命科学竞赛,分别获浙江省一等奖 3 次、二等奖 1 次、全国二等奖 2 次、三等奖 1 次。

(罗心静)

第 **3** 章

病 理 学

一、课程概况

病理学是研究疾病的病因、发病机制、病理变化、结局和转归的医学基础学科,是医学基础理论科学之一,它最主要的任务是研究患病机体的形态变化,并结合功能和代谢变化,阐明疾病发生、发展的基本规律,揭示疾病的本质,为防治疾病提供理论基础。病理学与临床医学各学科有着密切关系,只有充分认识患病机体各系统形态和结构变化,才能正确理解各种疾病的诊断和治疗。因此,学生对病理学知识的理解和掌握,将为临床专业课程的学习及毕业后的继续教育奠定坚实的基础。

病理学是台州学院临床医学专业一门专业基础必修课程,64 学时,3.5 学分,临床医学专业大二学年开课。学校自 2019 年开始在超星学习通平台上建立病理学课程,对本校临床医学专业学生开展线上线下混合式教学;2020 年开始在平台上引入思政案例讨论,并在课堂上开展案例式教学。本课程 2020 年被评定为校级线上线下混合式一流本科课程,2022 年被评为校级课程思政示范课程。

二、课程目标

依据台州学院始终坚持地方性、应用性办学的定位,根据临床医学专业认证及人才培养要求,课程具体目标如下。

1. 知识目标

能够运用病理学的基本理论和基础知识,常见病、多发病的发病原因、发病机制、病理变化和转归情况,为临床课程的学习打下坚实的基础。

2. 能力目标

培养学生自主探究学习能力及创新能力、临床思维、临床决策及综合分析解决问题能力,培养团队协作能力及领导力。

3. 素质目标

培养学生良好的人文执业能力,关爱生命、尊重患者的人道主义精神和全心全意为人类健康服务的专业精神。

三、思政元素

病理学是一门具有悠久历史的基础医学课程,有着丰富的课程思政资源,将思政理念融入病理学课程教学,可以帮助学生树立正确的人生观、价值观,培养学生的人文素养。思政元素归纳总结如下。

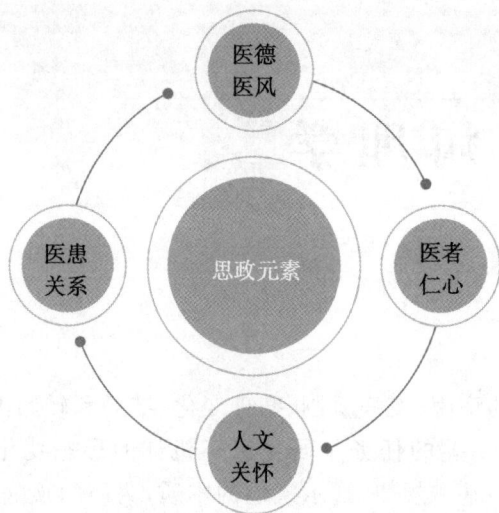

具体的思政案例如下。

(1)主要将医学前辈、当代优秀医生的事迹作为思政元素,以教育学生爱岗敬业、敬畏生命、乐于奉献、知行合一,增强学生的职业神圣感。

(2)聚焦重大疾病问题,关注疾病发展趋势及涉及的社会问题,培养学生关爱生命、尊重患者的人道主义精神和全心全意为人类健康服务的专业精神。

(3)以临床真实的病案为素材,培养学生团队协作、尊重平等、合规守纪的职业素养,教育学生尊重患者的尊严与权利,具有同理心、善心、爱心,具有慎独修养、严谨的科学态度。

四、设计思路

1.思政元素与专业知识衔接及实施方法

课程育人元素主要通过思政案例讨论和叙事教育、临床真实案例情景模拟等方式融入教学中,展现医学的人文性,体现医术和医德的统一性。

2.课程思政的具体内容、目标及教学方法

序号	教学内容概述	课程思政育人目标	教学方法
1	绪论:病理学的定义、病理学的内容、病理学的研究方法、病理学的观察技术	通过国内著名医学学者对病理学的评价,认识病理学在医学中的重要地位,激励学生认真努力学习本门课程	以张孝骞、威廉·奥斯勒两位名人导课,结合图启式教学
2	组织适应与损伤:适应的类型和形态学变化、可逆性损伤的类型和形态学变化、细胞死亡	在讲解损伤的进展过程时融入事物普遍联系的观点以及事物发展的观点,引导学生将辩证思维融入病理学的基础知识,引导学生利用辩证思维对病情的具体情况以及变化进行研究	案例导入课程,引入高血压病例,结合启发式教学、图启式教学

（续表）

序号	教学内容概述	课程思政育人目标	教学方法
3	组织的修复:再生、纤维性修复、创伤愈合	通过张海迪身残志坚的案例,学习永久性细胞一旦死亡不可再生,教育学生珍惜生命、热爱生活、自强不息、矢志不渝	启发诱导、对比分析、动画模拟
4	局部血液循环障碍:充血和淤血、血栓形成、栓塞、梗死	通过经济舱综合征、E栓塞案例,引导学生在医疗工作中注重对疾病本质的认知,准确施治,注重人文关怀,加强学生责任心的培养	案例(经济舱综合征、E栓塞)导入课程,结合启发式教学、图启式教学
5	炎症:炎症的概念、原因、基本病理变化、血管反应过程及机制,急性炎症的病理类型,慢性炎症的病理类型	让学生明白炎症无处不在,强调医疗过程中严谨、认真的工作作风,培养其精益求精、耐心细致的品质	案例(感冒、临床术后切口感染)导入课程,问题驱动及图启式教学
6	肿瘤:肿瘤的概念、形态、分化与异型性、命名与分类、生长与扩散、肿瘤的分级和分期、肿瘤对机体的影响、良性肿瘤与恶性肿瘤的区别、常见肿瘤	以肿瘤的发病原因为切入点,介绍三级预防的概念,引导学生热爱生活,规避风险,做生活的有心人	学科融合、图启式教学、病例分析
7	心血管系统疾病:动脉粥样硬化,冠状动脉粥样硬化性心脏病,高血压病,风湿病,感染性心内膜炎的病因、发病机制、基本病理变化、主要临床病理联系	心血管疾病高发与长期精神紧张、焦虑、情绪易激动、饮食习惯等密切相关,引导学生在生活和工作中学会控制情绪,健康饮食,减轻心理压力,做心胸宽广之人	案例导入,延伸疾病背后的故事导入课程,结合启发式教学、PBL教学
8	呼吸系统疾病:慢性阻塞性肺疾病,慢性肺源性心脏病,肺炎,肺癌的病因、发病机制、病理变化、临床病理联系、结局及并发症	新冠疫情环境下,口罩使用率高降低了呼吸系统疾病的发生率,延伸到疾病预防的必要性,引导学生认识到医疗成本高,防患于未然更重要,培养学生的大局意识及家国情怀	主流媒体新闻的插入(新冠的预防),结合图启式教学
9	消化系统疾病:慢性胃炎,溃疡病,病毒性肝炎,肝硬化的病因、发病机制、类型、病理变化、临床病理联系,消化系统常见肿瘤的病变	幽门螺杆菌的发现,掀起胃炎和胃溃疡发病原因研究的新篇章,激发学生对科研的兴趣,学习科研工作者坚持不懈、为医学事业无私奉献的精神	诺贝尔奖案例导入,结合启发式教学、图启式教学、PBL教学

(续表)

序号	教学内容概述	课程思政育人目标	教学方法
10	泌尿系统疾病:肾小球肾炎的病因、发病机制、类型、病理变化和临床病理联系	讲述案例"17岁少年为买苹果手机卖肾换钱",教学生认识肾脏的解剖结构及生理功能,分析事件的深层原因,培养学生正确的价值观、职业观、消费观,避免拜金主义、享乐主义,用知识武装自己	案例分析、启发式教学、图启式教学
11	淋巴造血系统疾病:非霍奇金淋巴瘤与霍奇金淋巴瘤的类型、病理变化	通过讲述《我不是药神》中患者饱受疾病折磨,缺钱少药,培养学生同理共情的意识,换位思考,了解患者的疾苦,对患者抱以仁爱之心并加强人文关怀	热门电影导入课程、病例分析、图启式教学
12	生殖系统疾病:慢性子宫颈炎,子宫颈上皮内瘤变,子宫颈癌的病变,子宫内膜异位症,子宫肌瘤的病理类型、临床病理联系,葡萄胎,绒毛膜癌的病因、发病机制、病理变化、临床病理联系	通过讲解两性生殖系统疾病的后果,引导学生科学看待生命的繁衍生息,珍爱健康、珍爱生命	案例分析、图启式教学
13	神经系统疾病:流行性脑脊髓膜炎,流行性乙型脑炎的病原体、传播途径、发病机制、病理变化、临床病理联系和结局	通过讲解神经系统疾病导致兴奋传递一对一受限,拓展学生在科学研究和实验操作中要有一是一、二是二的严谨态度	解剖学知识回顾、病例分析、图启式教学
14	内分泌系统疾病:弥漫性非毒性甲状腺肿、弥漫性毒性甲状腺肿,糖尿病的病因、发病机制、病理变化、临床病理联系,甲状腺癌的病理变化、扩散、临床病理联系	通过讲解糖尿病的高发,向学生传播规避疾病危险因素的意识,纠正不良的生活习惯,建议学生参加社区疾病宣传工作,增强学生的社会责任感,在实践中加强其作为医疗工作者的自豪感	流行病学数据分析、病例分析、任务驱动、图启式教学
15	感染性疾病:结核病的基本病变及其转化规律,原发性与继发性肺结核的发生、发展过程及各型的病变特点,伤寒、细菌性痢疾的病变特点及临床病理联系	通过对新冠的传播及影响的分析、结核病的发展史的介绍,让学生了解我们国家防治传染病的坚定决心,一切以人民群众的身体健康为首要任务,培养学生热爱祖国、热爱人民的大情怀,做遵纪守法的好公民	案例分析、疾病背景介绍、视频观看、图启式教学

五、育人元素实施案例

项目	内容
案例名称	《红楼梦》中的林黛玉；结核病的发展史
案例所属教学内容	结核病
思政元素	医者仁心、人文关怀
案例描述	关于林黛玉,《红楼梦》是这样描述的,黛玉题诗旧帕后自觉浑身火热,照镜子发现"腮上通红,自羡压倒桃花,却不知病由此萌",此处所说的病正是肺结核。其实结核病由来已久,从 1815 年滑铁卢战役到 1914 年第一次世界大战爆发前,20～60 岁的成年人中,肺结核的死亡率高达 97%。1882 年,德国科学家罗伯特·科赫宣布发现了结核杆菌,全世界开始研究攻克该病菌的方法。1945 年发明了特效药链霉素,后来又发明了异烟肼和对氨基水杨酸,为结核病的治疗找到了突破口。直到 1957 年,这三种药物联合使用,使结核病得到了有效的治疗。1982 年,纪念罗伯特·科赫发现结核杆菌 100 周年时,世界卫生组织和国际防痨和肺病联合会共同倡议将 3 月 24 日作为"世界防治结核病日",以提醒公众加深对结核病的认识。世界防治结核病日不是一种庆祝,因为还没有任何值得庆贺的理由。20 世纪 80 年代以来,由于艾滋病的流行和耐药菌株的出现,结核病的发病率又趋上升。经过如此漫长的历史长河,尽管我们在科学上有所突破,但是,人类这一最大的杀手之一仍然在猖狂活动
案例实施方案	
案例意义	"《红楼梦》中的林黛玉和结核病的发展史"引用在"结核病"这一节中,具备以下几个关键意义:①结核病在世界范围内和人类发展史中曾广泛流行;②有效药物的发明和应用降低了结核病的死亡率,但由于艾滋病的流行和耐药菌株的出现,结核病的发病率又趋上升;③激励医学生们了解我们国家防治传染病的坚定决心,一切以人民群众的身体健康为首要任务,培养学生热爱祖国、热爱人民的大情怀,做遵纪守法的好公民

（续表）

项目	内容
案例资源列表	1.《红楼梦》中关于林黛玉的描写 林黛玉还要往下写时，觉得浑身火热，面上作烧，走至镜台揭起锦袱一照，只见腮上通红，自羡压倒桃花，却不知病由此萌。 2. 结核病发展史 罗伯特·科赫宣布发现结核杆菌　　三种药物联合使用，可有效治疗结核病 1815年　1882年　1945年　1957年 肺结核的死亡率是97%　　对氨基水杨酸 链霉素 异烟肼

六、特色与创新

（一）课程特色

1. 践行以学定教的教学理念

每一知识体系均有"临床真实案例"驱动讨论，有明确的知识、技能和人文关怀目标要求，教学目标清晰；学生必须通过线上学习、案例讨论、课堂汇报，才能最终将理论知识应用于临床实践，课程目标的达成路径明晰，学生可以充分发挥主观能动性。课后综合运用作业、测试、思维导图检测学生的学习效果，将其作为教师调整教学计划和模式的依据。让学生成为课堂的主人，尊重学生的个性化差异。

2. 构建有温度的教学模式

病理学授课对象为大学二年级医学生，这个阶段的学生，对专业认识模糊，对专业素养、职业操守等认知不多，缺乏职业认同感。教学团队将思政理念融入病理学课程教学，充分运用病理学学科发展史以及大批投身病理学研究与临床病理诊断事业的学者们的典型事迹，讲好病理故事，做好爱岗敬业、奉献精神、工匠精神等思政教育，并且有意向地选取加强协作精神、关爱他人、以患者为中心的典型案例，提高学生的人文素质。

（二）教学改革创新点

1. 课程教法改革

图启式教学模式的应用，让学生们充分认识病理学研究疾病形态学改变的真谛，在图片的世界畅游,带着兴趣与好奇探究疾病的本质;案例式教学模式的应用,教师带动学生以真实案例为主线进行思考、分析、讨论,将理论知识运用到临床实际案例中,促进理论联系实践。

2. 课程的两个结合

线上与线下相结合、基础理论与临床实践相结合,利于学生自主学习,将碎片化的知识转化为综合解决问题的能力,实现过程到结果的质变,从而解决病理学教学过程中基础理论和临床实践割裂的问题。

3. 课程的"两性一度"

教学目标清晰,课程目标达成路径明晰,融入课程思政要素,提高学生人文素质和价值感,体现了创新性和高阶性。特别是临床案例讨论过程中病情的变化和推进,需要学生全面检索资料和深入分析,彰显了学习的挑战性。

七、教学效果

1. 实现了知识传授与价值引领的有机统一

通过访谈、调查问卷的方式了解学生对思政内容的掌握情况,学生普遍感到,通过知识传授与课程思政的有机结合,实现了知识传授与价值引领的有机统一。学生收获如下。

(1)学生在掌握专业知识的同时,对思政课程中学习的内容有了深层次的理解。

(2)通过第二课堂,深入临床观诊,学生发现只有高超的医术并不能全面为患者服务,还应该在情感上与患者同频共振,不要出现职业倦怠感。教师在知识传授中能够将医学科学教育与人文教育相融合,通过引导学生多视角阅读和讲述故事的形式,提升学生的职业认同感和医德水平。

(3)课程思政丰富了学生的人文视野,增强了学生的人文修养,而且其中内容覆盖文、史、哲、科技等主题,实现了专业教育与思想人文素质教育的融会贯通。

2. 课程有良好的引领示范作用

2019 年通过超星学习通平台自主创建的病理学课程,已经运行 7 轮,形成了案例引导、图启式教学、虚拟现实、线上线下、理论实践的多元融合课程教学体系。近年来,随着临床医学专业认证和"金课"建设理念的驱动,课程的教学内容和方法更注重高阶性、创新性和挑战度,教学目标更注重利用疾病形态学改变的基础知识培养学生诊断疾病的能力。经过多轮的迭代和改进,该课程于 2020 年立项为台州学院线上线下混合式一流本科课程,获思政微课大赛二等奖、思政教学案例三等奖、教学创新大赛二等奖,并获批 2022 年台州学院课程思政示范课程。

八、教学延伸

(1)由传授知识向传授方法延伸。在课堂教学中,为学生提供课堂实践机会,将学习方法同对知识的理解、应用相结合,使其在自行探索知识应用的过程中学会学习。

(2)由传授知识向渗透情感延伸。营造良好的教学环境,强调教育的人文精神,以理想信念教育为核心,深入发掘课程思政素材所蕴含的德育功能,遵循情感的诱发、投射和融入规律,在传递专业知识的同时激发学生的积极情感。

(3)由传授知识向发展智能延伸。重视学生的发展,创造条件,营造环境,通过课上与课下有效的医学训练,使知识内化,完善智能结构,达到理解知识、运用知识、创造性学习。

(范晓艳)

第 **4** 章

病理生理学

一、课程概况

病理生理学是一门研究疾病发生发展规律和机制的医学专业必修的核心课程,面向所有临床医学和临床相关专业学生,在医学教学过程中起到极其重要的作用。它探讨疾病过程中患病体的功能与代谢的改变,揭示疾病过程的内在规律,阐明疾病的本质,即"透过现象看本质",目的是为疾病的防治提供理论依据。病理生理学属基础医学的范畴,是沟通临床医学与基础医学的桥梁课程,起着承前启后、承上启下的枢纽作用,不仅与基础医学各学科(如生理学、生物化学等)有着紧密的联系,而且与临床医学各学科均有非常紧密的联系,是学好后期临床课程的一门重要的医学基础课程。本课程对于医学生临床思维能力、临床实践能力、职业精神和素养的培养都具有重要的意义。

本课程在超星学习通平台上建设,开展线上线下混合式教学。2020 年本课程被评定为校级优秀线上线下混合式一流本科课程,2022 年被评为校级课程思政示范课程,台州学院 2022 年"魅力课堂"一等奖。

二、课程目标

落实立德树人的根本任务,发挥课程育人功能,落实教师育人职责,不断提高人才培养质量。

1. 知识目标

掌握疾病发生、发展过程中功能和代谢改变的规律及其机制,了解其防治的主要原则,学会运用病理生理学基本理论解决临床实际问题,为后续临床医学课程的学习奠定扎实的基础。

2. 能力、素质目标

学生通过课程的开展逐步学会和掌握科学的思维方式,注重理论联系实际,提高分析、判断、归纳、总结问题的能力,尤其是对临床复杂实际病例的综合分析、判断和解决的能力,全面提高观察能力、思辨能力、自学能力、沟通和协作能力。通过线上线下教学活动培养学生的自主学习能力,提高学生的学习兴趣,并结合临床医学专业特点渗透终身学习的专业精神和职业人文素养。

3. 思政目标

(1)通过课程的学习,学生应更加坚定崇高的理想信念,树立正确的世界观、人生观、价值观,热爱祖国,热爱人民,树立终身学习的理念,具有为人民服务的意识和能力。

（2）遵守学校制度,树立社会主义法制观念。重医德、精医技、秉承救死扶伤、悬壶济世的初心,立志为祖国的医疗事业贡献自己的力量。同时,能够用辩证唯物主义和历史唯物主义分析问题。

（3）努力把病理生理学课程上好、思政建设好,打造出一支课程思政强队,为学生的学习提供优良的学习资源,为学科的发展做好支撑工作。

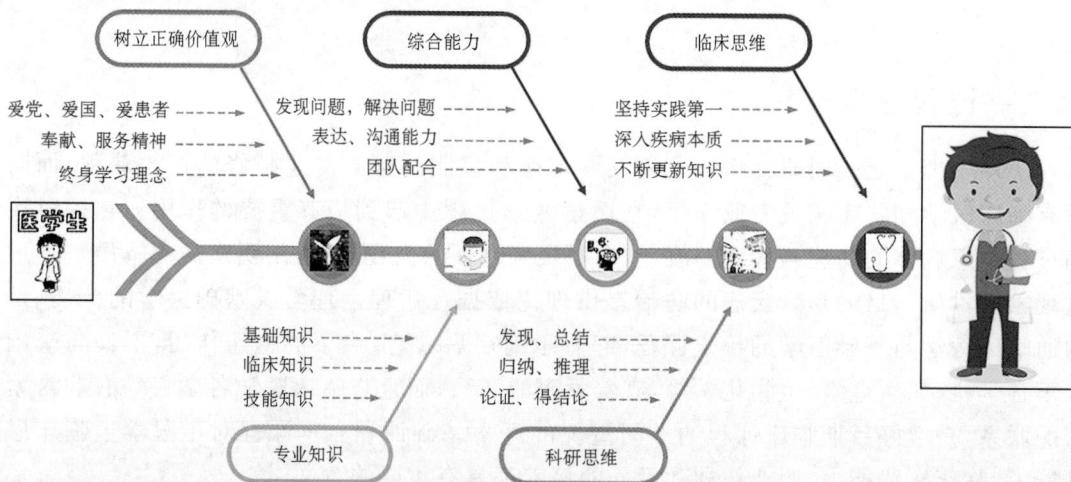

三、思政元素

党的二十大报告明确了全面建成社会主义现代化强国的宏伟蓝图和实践路径,为党和国家的各项事业指明了前进方向。新时代高校肩负着为实现第二个百年奋斗目标,以中国式现代化全面推进中华民族伟大复兴培育中坚力量的重要任务,要为培养出具有良好医学职业道德、根植医学人文情怀的全面发展的新医科人才而努力。

（一）爱党爱国

高校思想政治工作在于做人的工作,中心环节在于立德树人,核心在于提高人才培养能力。日常教学活动过程中要遵循思想政治教育规律,让思政与课程同向同行,形成协同效应。尊重课程规律,有机融合思政。本课程是一门重要的医学基础课,可通过榜样人物培养学生的爱国情怀和民族自豪感,如屠呦呦、钟南山、"最美逆行者"等。

1. 屠呦呦——科研为民,民族自豪的典范

屠呦呦,杰出药学家,多年来一直从事中药和中西药结合研究,突出贡献是创制新型抗疟药青蒿素和双氢青蒿素,2015 年获诺贝尔生理学或医学奖,将中国五千年的中医药文化推向了世界舞台。她一生致力中医药研究,为了寻找抗疟疾的良药,她阅读大量古籍,潜心做实验,不怕困难,不畏艰难,从众多中草药中发现了青蒿素,有效地解决了人类抗疟难题。在屠呦呦身上我们看到了科研工作者的坚韧不拔和大无畏精神,让我们真切地感受到科研的魅力与价值。她是我国科研界的一面旗帜,让世界看到了中国科研的力量,看

到了中华民族的智慧和勇气,让世界对中药有了更深的认识和理解,同时也让我们感受到科研精神的崇高和民族自豪感。

2. 钟南山——爱党、爱国、爱民的典范

钟南山,杰出的呼吸病学专家,被公众誉为"抗击新冠病毒的英雄",新冠疫情暴发,他冲在最前面,充分体现了他对党和国家的热爱和对人民群众的关爱,是我们医学生的榜样。他的爱国精神是我们学习的典范,无论是在 2003 年非典型肺炎疫情抗击战中,还是在 2020 年新冠疫情暴发时,他都挺身而出,是中国抗击疫情的重要力量,这种为国家的公共卫生事业不怕牺牲的精神,是我们每个人都应该学习的。他的专业精神与对事业的执着也值得我们效仿,他在医学领域造诣深厚,在疫情防控中发挥了重大作用。钟南山教授始终以人民的生命安全和身体健康为重,无私为人民服务,他对人民的关爱和对生命的尊重,展示了一种崇高的人民情怀。

(二)时事思政

注重时事热点问题的现实性和新颖性,对学生进行党和国家路线、方针、政策的教育,帮助学生正确认识当前的形势,透视社会热点问题,如中国特色社会主义新时代、新时代守正创新的重要性。

1. 中国特色社会主义新时代

2017 年 10 月 18 日,习近平总书记在党的十九大报告中做出重大判断:"经过长期努力,中国特色社会主义进入了新时代,这是我国发展新的历史方位。"这一重大判断,以马克思主义时代观为理论指导,以党的十八大以来全方位的、开创性的成就和深层次、根本性变革为现实根据,实现了马克思主义同中国实际相结合的历史性飞跃。深刻认识这一重大判断的科学性,对于准确把握当代中国的历史方位,以坚定自信的姿态开启新时代中国特色社会主义建设的伟大征程,具有重要意义。方位决定方略。在新的历史条件下,要不忘初心、牢记使命。实现中华民族伟大复兴就是新时代中国共产党的历史使命,这也是近代以来中华民族最伟大的梦想。

2. 新时代守正创新的重要性

党的二十大报告指出,继续推进实践基础上的理论创新,首先要把握好新时代中国特色社会主义思想的世界观和方法论。坚持守正创新是对马克思主义认识论和唯物辩证法的丰富发展,对于加强理论创新和实践创新、开创社会主义现代化建设新局面有重要意义。新时代的守正创新是推动社会向前发展的重要动力。"守正"是要坚守马克思主义基本原理和科学社会主义基本原则,坚守中国共产党的初心和使命,正本清源、固本培元,守马克思主义立场;"创新"是创马克思主义中国化时代化的新,创造性地分析和解决具体实际问题并得出具体结论。新时代的守正创新具有重要的现实意义和深远影响。我们要坚持守正创新,推动我国社会持续健康发展,实现中华民族伟大复兴的中国梦。

(三)科研思政

科学研究是医学生在成长阶段的必经之路,要注重培养学生科学、严谨、求实的科研态度,敬畏生命的精神,强化其不畏艰难、勇攀高峰的意识,思政元素有科研诚信、积极创新、人类伦理、动物伦理等。

1. 科研诚信

科研诚信是科研活动的基础和灵魂,是每一位科研工作人员应当恪守的基本原则和底线。在科研活动中,必须坚持实事求是,遵循科学研究的客观规律,保证科研数据的真实性,正确地引用他人的研究成果,这是对科学精神最基本的尊重。科研活动的最终目标是推动科技进步、服务社会发展,如果科研活动失去诚信,就会对科研机构和个人的信誉造成损害,阻碍科技的进步。科研活动不仅是获取知识、解决问题的过程,也是科研工作人员道德品质的体现。坚守诚信,就是坚守对真理的追求、对社会的责任、对自我人格的尊重。一个健康的学术环境需要每一位科研工作人员遵守诚信原则,公平竞争,共同推动科技进步,让诚信成为从事科研活动的基本准则,为我国的科技发展和社会进步做出贡献。

2. 医学伦理

医学伦理是指在医学实践中应遵循的道德规范和原则,包括尊重生命、尊重患者的意愿和权益、保护患者的隐私等。医学伦理是医生职业道德的重要内容。医生是人们健康的守护者,其职业行为直接关系到人们的生命安全和身体健康,因此,医生必须具备高尚的医德,始终以患者的利益为重,尊重生命,敬业奉献。尊重患者的人格尊严和权益,保护患者的隐私,是构建和谐医患关系的重要前提。应坚持以人为本的原则,关注患者的身心健康,尊重患者的生命权和健康权,培养具有良好医德、专业素养、人文关怀能力的医学人才,为社会主义现代化建设做出贡献。

(四)临床思政

医学生是未来医生的储备力量,他们将来面对的是患者,是人类的健康,培养医学生的人文素质可助力国家的高速发展,符合新医学模式的要求,思政元素有吴孟超敬业精神、科学家人工全合成牛胰岛素的奉献精神等。

1. 吴孟超敬业精神

吴孟超,著名肝胆外科专家,中国科学院院士,中国肝脏外科的开拓者和主要创始人之一,被誉为"中国肝胆外科之父"和有可能获得诺贝尔生理学或医学奖的中国大陆学者之一。他的敬业精神在医学界乃至全社会产生了深远影响。他始终坚信医生的使命就是救死扶伤,全心全意为人民服务。无论身处何种环境,无论面对何种困难,他都坚守在医疗工作的第一线。他敢于挑战医学领域的难题,勇于进行医学技术的探索和创新。在他的带领下,我国的肝胆外科取得了举世瞩目的成就。他身体力行,积极投身于医学教育事业,用自己的实际行动培养了一大批优秀的医学人才。吴孟超的敬业精神是所有医学工作者应该学习的。

2. 人工全合成牛胰岛素

1965 年 9 月 17 日,我国科学家成功合成结晶牛胰岛素,这也是世界上第一个人工合成的蛋白质。胰岛素有 17 种氨基酸,当时我们没有氨基酸,是赤手空拳起家,最终这 17 种氨基酸全都是我们自己合成的。实验过程中很多试剂有剧毒,当时条件简陋,科学家们就在屋顶上面搭棚,戴着防毒面具去生产。就是在科研基础十分薄弱、设备极其简陋的年代,历经 7 年的不懈攻关,这项凝聚着中国科学院生化所、有机所和北京大学三家单位百名科研人员心血的项目,终于获得成功。我们的科学家们为了人类健康事业的进步默默付出,不求回报。他们白天黑夜地进行研究,不惜牺牲个人的时间和精力,攻克了一个又一个难关,最终取得了举世瞩目的科研成果。这种奉献精神,值得我们每一位医学工作者学习和借鉴。在临床工作中,我们也需要有同样的奉献精神,将患者的健康放在第一位,始终保持对医学事业的热爱和执着。医学不仅是一门科学,也是一种人道主义事业,我们需要用科学的精神去探索和研究,用人道主义的情怀去治疗和护理,只有这样,我们才能真正做到以人为本,全心全意为患者服务。

四、设计思路

教学内容概述、课程思政育人目标、教学方法见下表。

序号	教学内容概述	思政元素	思政载体	教学方法
1	绪论、疾病概论	"服务学习"理念	举例:我国低钾血症的发现过程	讲授法 启发法 案例教学 分组讨论
2	水电解质平衡紊乱	遵守法律法规,遵守学校制度	启发式教学:机体内各种离子的有序运动才是健康的保障	讲授法 启发法 案例讨论 情景教学
3	酸碱平衡紊乱	团队协作的必要性	举例:酸碱平衡的维持需要肺、肾及机体多个器官的协同配合	讲授法 启发法 案例教学 分组讨论
4	缺氧	敬佑生命、救死扶伤的职业精神	举例:异物卡喉导致低张性缺氧,应立即用海姆立克急救法施救。演示海姆立克急救法标准动作	讲授法 启发法 案例教学 混合教学
5	休克	运用辩证唯物主义和历史唯物主义对待问题	启发式教学:人们对休克的认识过程就是辩证唯物主义和历史唯物主义的实践	讲授法 启发法 案例教学 分组讨论 混合教学
6	弥散性血管内凝血(DIC)	拥护党的领导和党的基本路线	举例:改革开放后我国产妇 DIC 死亡率明显下降是在党和国家的正确领导下重视妇女保健才实现的	讲授法 启发法 案例教学 分组讨论

（续表）

序号	教学内容概述	思政元素	思政载体	教学方法
7	心功能不全	"医者仁心"的崇高精神	举例：右心衰导致的端坐呼吸让患者饱受痛苦，医生应在积极救治的同时给予患者一定的心理疏导，使其增强信心、缓解压力	案例教学 翻转课堂 混合教学
8	肺功能不全	积极配合国家政策	举例：吸烟是导致肺病的主要原因，应积极主动配合相关部门对患者和周围吸烟群体做好控烟工作	案例教学 翻转课堂 混合教学
9	肝功能不全	树立正确的职业榜样，牢固树立终身学习的理念	举例："中国肝胆外科之父"吴孟超院士的生平事迹	讲授法 启发法 案例教学 分组讨论
10	肾功能不全	为祖国的医疗事业贡献自己的力量	启发式教学：目前肾衰竭导致的尿毒症仍是顽疾，致死率高，应该知难而上，想办法攻坚克难，解决实际问题，为国家贡献自己的力量	讲授法 启发法 案例教学 分组讨论

五、育人元素实施案例

项目	内容
案例名称	健康中国行动
教学内容	第十四章 凝血与抗凝血平衡紊乱
思政元素	家国情怀、医者仁心
案例描述	《健康中国行动（2019—2030 年）》由国家卫生健康委负责制定，主要围绕疾病预防和健康促进两大核心，提出将开展 15 个重大专项行动：①健康知识普及行动，②合理膳食行动，③全民健身行动，④控烟行动，⑤心理健康促进行动，⑥健康环境促进行动，⑦妇幼健康促进行动，⑧中小学健康促进行动，⑨职业健康保护行动，⑩老年健康促进行动，⑪心血管疾病防治行动，⑫癌症防治行动，⑬慢性呼吸系统疾病防治行动，⑭糖尿病防治行动，⑮传染病及地方病防控行动。促进以治病为中心向以人民健康为中心转变，努力使群众不生病、少生病
案例实施方案	课程案例导入：女性患者，因妊娠 39$^+$ 周，伴下腹痛待产 3 小时入院。体格检查……分娩经过……产道大出血，1200ml 以上，且流出血不凝固。患者发生了什么？ 课程内容：引出案例中发生的 DIC 概念，阐述其发病原因。 视频展示：《生死时速——产科高发 DIC》，视频结束后强调目前医院产科孕妇生产过程中发生 DIC 是导致孕产妇死亡的四大主要原因之一。 课程思政：DIC 是一种危重症综合征，常导致死亡。改革开放前，在妇产科疾病中，DIC 发病率排名第二，仅次于感染。改革开放以后，党和国家高度重视妇女健康，大幅提升妇产科的医疗资源和医疗水平，使得 DIC 在妇产科的发病率显著下降。当下，在《健康中国行动（2019—2030 年）》中，第七项内容主要针对婚前和孕前、孕期、新生儿和儿童早期各阶段分别给出妇幼健康促进建议，并提出政府和社会应采取的主要举措。

（续表）

项目	内容
案例实施方案	课程内容:重点讲述 DIC 发病机制(课程的重点、难点内容),给出基本治疗策略。 课程思政:通过机制的学习,知道 DIC 起病急、进展快,医生应迅速做出判断,及时给予医疗干预,切勿贻误最佳治疗时机,更不应以发病迅猛为借口,消极怠工,置患者生命于不顾,此刻,应全力以赴,积极治疗,把患者从死亡线上拉回来,这是白衣天使的责任和使命。 课程小结:强调 DIC 的发生机制是本章的重点、难点内容。 布置作业:完成课程对应习题,查阅国家重视妇幼保健方面的举措还有哪些。 安排预习:自主预习第十五章——心功能不全的线上内容。 课下交流:章节知识点答疑解惑,询问哪种教学方式学生更容易接受,学生对课程内容的想法、建议等,注重学生学习效果与真实感受。 教学反思:总结归纳课上的时间安排是否易于学生接受,教学方法是否合理,哪种互动方式更为有效等。课下与学生面对面交流的内容可作为重要的参考元素
案例意义	1. 弘扬爱国主义,培养大学生的家国情怀 2. 医学生的培养重在塑造医者仁心,通过医学思政增强学生责任感和使命感 3. 培养学生自主学习能力和终身学习意识

六、特色与创新

1. 创新点

(1)每次课的思政目标明确,做到课课有思政,课课不一样。

(2)通过一段时间的课程思政教育,让学生在翻转课堂中也体现思政元素。实现"教师教－学生学－学生用－教师评"的良性环路。

(3)录制课程思政微视频,实现优质资源共享。

2. 课程思政特色

(1)医务工作者实时与患者面对面,医学生的思政教育更是思政建设中的"高地",最应该做好课程思政。病理生理学课程是医学生的重要必修课程,该课程教师理应扛起"思政大旗",不忘初心,肩负使命,保质保量完成课程思政任务。

(2)病理生理学课程涉及内容广,覆盖医学几乎所有学科的基础知识,课程思政实施过程中素材多样,可选元素多元,能够优中选优,完成效果好。

(3)病理生理学课程开课时间多为医学教育的二年级,这个阶段的学生正是树立心中榜样,建立正确人生观、价值观的重要时期,本课程的思政教育会正确引领学生不走弯路,建立健全人格。

七、教学效果

(一)教学效果

1. 学生评价

通过课下与学生的交流得知,学生对病理生理学课程的评价较高,对思政元素的融入也十分认可,学生认为这种教学方式可以使其更加坚定理想信念,激发学习热情。从下图学生对教学质量的评价更直观地体现了学生对本课程的满意度较高。

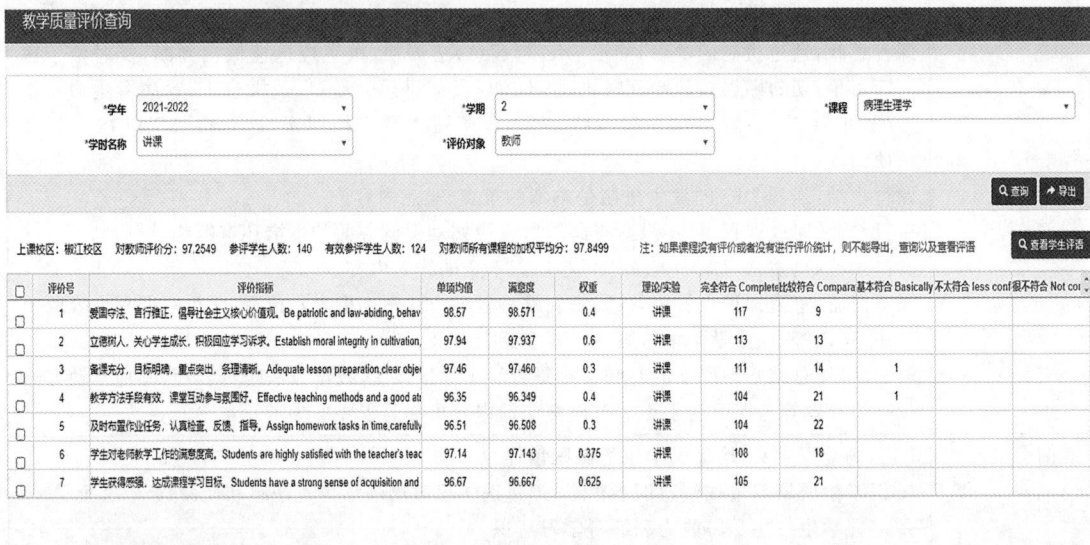

	评价号	评价指标	单项均值	满意度	权重	理论/实验	完全符合 Complete	比较符合 Compara	基本符合 Basically	不太符合 less conf	很不符合 Not cor
	1	爱国守法、言行雅正,倡导社会主义核心价值观。Be patriotic and law-abiding, behav	98.57	98.571	0.4	讲课	117	9			
	2	立德树人,关心学生成长,积极回应学习诉求。Establish moral integrity in cultivation.	97.94	97.937	0.6	讲课	113	13			
	3	备课充分,目标明确,重点突出,条理清晰。Adequate lesson preparation,clear objec	97.46	97.460	0.3	讲课	111	14	1		
	4	教学方法手段有效,课堂互动参与氛围好。Effective teaching methods and a good at	96.35	96.349	0.4	讲课	104	21	1		
	5	及时布置作业任务,认真检查、反馈、指导。Assign homework tasks in time,carefully	96.51	96.508	0.3	讲课	104	22			
	6	学生对老师教学工作的满意度高。Students are highly satisfied with the teacher's teac	97.14	97.143	0.375	讲课	108	18			
	7	学生获得感强,达成课程学习目标。Students have a strong sense of acquisition and	96.67	96.667	0.625	讲课	105	21			

上课校区:椒江校区　对教师评价分:97.2549　参评学生人数:140　有效参评学生人数:124　对教师所有课程的加权平均分:97.8499　注:如果课程没有评价或者没有进行评价统计,则不能导出,查询以及查看评语

2. 教师评价

2016 年,习近平总书记在全国高校思想政治工作会议上强调:"高校思想政治工作关系高校培养什么样的人、如何培养人以及为谁培养人这个根本问题。要坚持把立德树人作为中心环节,把思想政治工作贯穿教育教学全过程,实现全程育人、全方位育人,努力开创我国高等教育事业发展新局面。"课程思政是落实立德树人根本任务的关键,这为我们高校教师指明了方向,我们也一直秉承该精神,不断发掘新的思政元素,找到合理的切入点,并将其真正应用到日常的教学活动中,使思政内容有针对性,教师做到了讲深、讲透、讲活,从而让学生喜欢听、听得进、听得懂,在教学过程中不断尝试、总结经验、再尝试,最后取得了理想的教学效果。

2020 年,习近平总书记在教育文化卫生体育领域专家代表座谈会上讲道:"要坚持社会主义办学方向,把立德树人作为教育的根本任务,发挥教育在培育和践行社会主义核心价值观中的重要作用,深化学校思想政治理论课改革创新,加强和改进学校体育美育,广泛开展劳动教育,发展素质教育,推进教育公平,促进学生德智体美劳全面发展,培养学生爱国情怀、社会责任感、创新精神、实践能力。"全面贯彻党的教育方针是我们每个高校教育工作者必须履行的,在实施过程中将学生的思想、素质、综合能力等建立起有效连接并使其得到提升,学生能够积极配合教师,收效甚佳。尤其是翻转课堂,学生小组自主创新性学习,总结归纳章节内容,通过课本内容和知识延展的前沿科学内容整合,最终以情景剧、视频拍摄、PPT汇报等丰富的形式展示(见下图),这样,既保证了课程知识点不丢失,又使学生的综合素质得到提升,学生参与到了学与讲的各个环节,主动性极大增强,兴趣高涨,创新能力大幅提升。

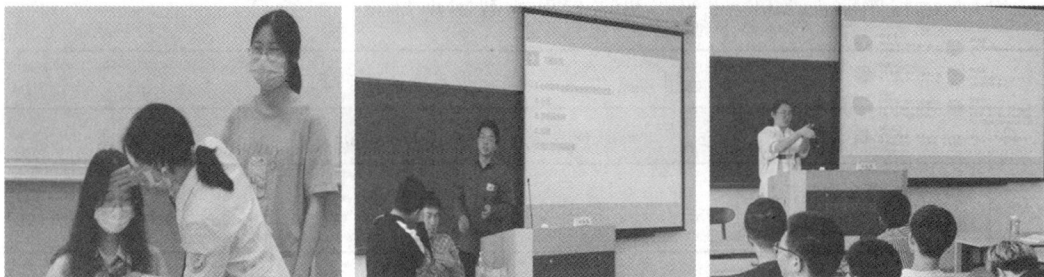

2021年,习近平总书记在看望参加全国政协十三届四次会议的医药卫生界、教育界委员时指出:"'大思政课'我们要善用之,一定要跟现实结合起来。上思政课不能拿着文件宣读,没有生命、干巴巴的。"本课程思政元素的出现力争做到掷地有声,绝"不放空枪",将"思政种子"埋在求知若渴的学生心中,相信终会有开花结果的一天,让我们辛勤耕耘,静待花开。

(二)教学成果

(1)本课程的课程思政针对临床医学专业的学生,已完成3个学期,超星泛雅平台统计显示有近400名学生受益。

(2)入选台州学院2020年第二批校级一流课程建设项目认定名单。

台州学院2020年第二批校级一流课程建设项目认定名单			
序号	申报课程类别	课程名称	项目负责人	申报学院
50	线上线下混合式一流课程	病理生理学	金岳雷	医学院

(3)进入台州学院2020年校级优秀课程教学改革项目拟入选清单。

台州学院2020年校级优秀课程教学改革项目拟入选清单				
序号	学院	项目名称	项目类别	主持人	参与人
38	医学院	后疫情时代的《病理生理学》线上+线下混合式教学应用	应用型课程建设	金岳雷	王红梅、孙东升

（4）入选台州学院 2022 年第二批课程思政教学项目。

台州学院 2022 年第二批课程思政教学项目				
序号	项目名称	所属学院	课程负责人	推荐结果
52	思政元素融入在病理生理学实践与探索	医学院	金岳雷	校级

（5）入选台州学院 2022 年"魅力课堂"拟获奖名单（一等奖）。

台州学院2022年"魅力课堂"拟获奖名单					
中级及以下组					
序号	学院	姓名	性别	职称	依托的课程名称	等级
9	医学院	金岳雷	男	讲师	病理生理学	一等奖

（金岳雷　孙东升　王红梅）

第5章

药理学

一、课程概况

药理学是临床医学专业教学中的一门桥梁课程,是在学习了解剖学、生理学、生物化学及病原微生物学等其他基础学科的基础上,进一步研究药物与机体相互作用、作用规律和作用机制,为医务人员在临床工作中的合理用药提供理论依据。通过药理学教学,既要使学生熟悉药理学的基本理论、基本知识和基本技能,还应使学生掌握观察药物疗效的方法,及时发现药物的不良反应,并能正确地进行预防和处理,确保临床用药的安全有效。同时,适当开设药理学 PBL 教学,提高学生观察、分析、综合和独立解决问题的能力,为培养临床医学专业人才奠定基础。另外,也为今后更好地结合和学习内科学、外科学、妇产科学、儿科学、五官科学等临床课程打下基础。

本课程 80 学时,5 学分,临床医学专业大二学年第二学期开课。自 2018 年开始在超星学习通平台上建立药理学课程,对本校临床医学专业学生开展线上线下混合式教学,并在教学环节细化课程思政切入点。

二、课程目标

遵循《中国本科医学教育标准——临床医学专业》本科毕业生应达到的基本要求,依据我校"应用性、地方性、综合性、高教性"的办学定位,设定了成果导向的课程教学目标。

1. 科学和学术目标

(1)掌握药理学基础理论;熟悉药理学研究方法。

(2)掌握常用药物的药物代谢动力学特点、药理作用、作用机制、适应证、不良反应和用药注意事项等知识;熟悉药物临床研究的基本过程与原则。

(3)了解各系统疾病药物治疗学前沿知识。

(4)能够运用药理学知识描述疾病的药物治疗和预后情况。

(5)具备利用文献证据的能力,培育提出科学问题并运用药理学方法研究问题的素养。

2. 临床能力目标

(1)能够基于病史和诊断,利用药理学知识初步提出疾病药物治疗原则。

(2)能够利用药理学知识做出药物疗效、不良反应的判断和决策,初步确定进一步的药物治疗方案。

(3)能够根据病情及变化,对急诊患者行药物处理或药物中毒解救。

3.健康与社会领域目标

掌握药物的相互作用、不良反应和禁忌证等知识,初步具备用药指导的能力。

4.职业素养目标

树立自主学习、终身学习的理念。

三、思政元素

(一)本课程思政元素主要包括以下5个方面

(1)文化自信和爱国情怀。中药改善人类健康及近代中国药理学工作者的贡献。

(2)伦理学意识。新药研究开发过程中的动物伦理学和医学伦理学。

(3)法律意识。管制药品和用药安全。

(4)科研精神。勇于探索发现,但是要实事求是、恪守学术规范。

(5)药物发展史。经典药物发明故事,提升学生的学习兴趣,启发学生思考。

(二)具体的思政案例举例

思政案例与课程内容密切衔接,并及时更新。时事新闻类案例要有时效性,经典案例要有实操性。本课程部分课程思政案例呈现如下。

1.视频类课程思政案例

(1)中医药送给世界的礼物——青蒿素。诺贝尔奖获得者屠呦呦相关事迹纪录片,案例所属教学内容:药理学绪论和抗疟药物药理学。

(2)新药研发:源头创新。丁健院士谈新药研发的访谈视频,案例所属教学内容:新药研究和抗肿瘤药物药理。

(3)法律意识:管制药品目录、假药。引入电影《我不是药神》主题,案例所属教学内容:药效学、镇痛药。

2.描述性课程思政案例

(1)因动物实验伦理问题,一些机构发表的论文被撤回。

1)案例描述:某国际学术期刊在线发表撤稿说明称,因涉实验动物福利伦理问题,某教授的学术论文被撤回。上述撤稿说明称,论文发表后,人们对文中的小鼠肿瘤大小提出了担忧,因为其肿瘤的大小可高达3500立方毫米。

2)思政元素:动物实验伦理学问题。

3)讨论思考:动物实验伦理学审查内容包括哪些项目?

(2)邹冈和张昌绍在1962年证明吗啡镇痛作用的部位

1)案例描述:1959年中国科学院上海药物研究所药理研究室胥彬教授和周金熙发现在小白鼠脑内注射微量(皮下注射量的1/100)吗啡后产生明显的镇痛作用,说明吗啡直接作用于脑中枢。但是,这项研究并未确定吗啡究竟作用于脑内什么部位。当时正在读研究生的邹冈选择了这个题目作为自己的研究课题,和技术人员吴时祥改用大动物家兔进行脑内微量注射吗啡的研究。他们发现将微量(20微克)吗啡注入家兔的侧脑室,可以产生明显而持久的镇痛作用,静脉注射时则需要500~1000倍药量(10~20毫克)才能达到相当的效应。根据药液在侧脑室中的扩散范围,邹冈推测吗啡作用于侧脑室周围的脑结构,因此设法缩小药液分布的范围,将微量(10微克)吗啡注射到侧脑室周围结构以及皮层下和痛觉可能有关的结构,最终发现注入第三脑室周围灰质以后镇痛作用最明显。根据这些实验结果,邹冈提出了"第三脑室周围灰质是吗啡产生镇痛作用的部位"的最新观点。1962年,邹冈和他的导师张昌绍教授[上海第一医学院(今复旦大学上海医学院)药理教研室主任]联名在《生理学报》上发表了这项成果。接着他又发现在家兔第三脑室周围灰质注射微量(10微克)吗啡专一性拮抗剂烯丙吗啡,能够对抗随后静脉注射吗啡产生的镇痛作用,进一步证实了吗啡在脑内产生镇痛作用的部位。1964年这两项研究合并成一篇论文,在《中国科学》用英文发表,受到国外学者的高度重视,曾被反复引述,成为吗啡和痛觉研究领域的一篇经典文献,并被担任过德国药理学副会长的赫兹等国际著名药理学家誉为研究吗啡作用原理的"里程碑"。

2)思政元素:近代中国药理学工作者对现代药理学发展的贡献。

3)讨论思考:

①探索精神之于科学创新的重要性。

②科研条件决定科研成就。

(3)文字描述案例。

1)因动物实验伦理问题,一些机构发表的论文被撤回。

2)药理学发展史(人文)。

3)"反应停"事件。

4)邹冈和张昌绍在1962年证明吗啡镇痛作用的部位。

5)张昌绍教案——M受体激动剂。

6)癫痫发作如何正确急救。

7)石杉碱甲研发。

8)默沙东公司全球撤回罗非昔布(万络)。

9)诺贝尔奖小故事:幽门螺杆菌致十二指肠溃疡。

10)诺贝尔奖小故事:睡眠调节。

11)非典/新冠与免疫和糖皮质激素的关系。

12)缺碘、地方病、甲状腺激素三者之间的关系。

13)人工合成牛胰岛素的故事。

14)青霉素和磺胺的发现。

15)发现三氧化二砷(砒霜)可治疗白血病。

16)基因编辑技术的安全性和伦理学问题:"基因编辑婴儿"事件。

四、设计思路

1. 思政元素与专业知识衔接及实施方法

课程育人元素主要通过思政案例、叙事教育和即时提问等方式融入教学中,做到润物无声。

2.课程思政具体内容、目标及教学方法

序号	教学内容概述	课程思政育人目标	教学方法
1	绪论	药理学发展史	叙事教育
2	药效学	药物安全性	案例:"反应停"事件
3	新药研究与药理	(1)源头创新药 (2)动物实验伦理学	(1)视频《张江药谷》《我不是药神》 (2)案例:因动物实验伦理问题,一些机构发表的论文被撤回
4	作用于传出神经系统的药物	育人精神	张昌绍教案——M受体激动剂
5	作用于中枢神经系统的药物	(1)我国药理学工作者的贡献 (2)科研精神	案例: (1)邹冈和张昌绍在1962年证明吗啡镇痛作用的部位 (2)癫痫发作如何正确急救 (3)石杉碱甲的研发 (4)诺贝尔奖小故事:睡眠调节
6	解热镇痛抗炎药	药物安全性	案例:默沙东公司全球撤回罗非昔布(万络)
7	作用于消化系统药物	(1)树立珍惜生命、充实自我、热爱生活的人生观 (2)关爱并尊重临终者意识,爱岗敬业、无私奉献的职业观	案例:诺贝尔奖小故事:幽门螺杆菌致十二指肠溃疡
8	激素类药	家国情怀	案例: (1)非典/新冠与免疫和糖皮质激素的关系 (2)缺碘、地方病、甲状腺激素三者之间的关系 (3)人工合成牛胰岛素的故事
9	抗微生物药	科研创新	青霉素和磺胺的发现
10	抗寄生虫病药	爱国情怀	青蒿素抗疟疾
11	抗恶性肿瘤药	创新精神	发现三氧化二砷(砒霜)可治疗白血病
12	基因工程药物	医学伦理学	基因编辑技术的安全性和伦理学问题:"基因编辑婴儿"事件

五、育人元素实施案例

项目	内容
案例名称	中国药理学奠基人——张昌绍
案例所属教学内容	药理学研究、药理学教学
思政元素	家国情怀、师德师风
案例描述	张昌绍(1906 年 9 月 25 日—1967 年 12 月 20 日),药理学家,中国药理学奠基人。出生于江苏省嘉定县望仙桥镇(今上海市嘉定区望新镇)。1934 年毕业于国立上海医学院(今复旦大学上海医学院)并留校任教;1937 年赴英国伦敦大学学习,1940 年获哲学博士学位,并成为英国皇家学会会员;后赴美国哈佛大学进修。1941 年回国后曾任国立上海医学院副教授、教授兼科主任,中国生理科学会理事、《中华医学杂志》编委等。他一生从事药理学的教学和科研工作,主编的药理学教材和参考书被誉为中国药理学的经典著作,出版《磺胺类化学治疗学》《青霉素化学治疗学》《现代药理学》《现代的中药研究》等图书。致力培养药理学师资与科研人才,在化学治疗学和传出神经药理学方面做出了突出的贡献,对中国药理学的发展起到了开拓和奠基作用。张昌绍是中药研究抗疟药的先驱,1946 年和 1948 年分别在《科学》和《自然》发表中药常山及其活性成分的抗疟作用,对后来青蒿素的科学研究有重要影响。他指导他的研究生邹冈做出了里程碑式的工作——脑内吗啡作用部位的发现等。张昌绍主持制定了药理教学大纲,参加制定了全国药理学科学规划。他主编的《药理学总论》是中国第一部大型药理学参考书
案例实施方案	1. 课前发布章节信息、下节课任务及学习目标 2. 在超星学习通平台上传央视纪录片《客从何处来》2014 年 5 月 9 日播出的"陈冲:外公张昌绍的叛逆事迹",供学生观看 3. 上课时作为思政要素切入点,在镇痛药吗啡作用机制发现中,引入邹冈和张昌绍案例
案例意义	1. 张昌绍是放弃国外工作回到中国的爱国科学家,以此激励学生的爱国情怀 2. 在国家困难时,张昌绍宁愿紧缩家庭开支也踊跃购买爱国公债,并把所有布票上交,连自己的稿费也交给科内作为实验经费。以此激发学生内心对国家的热爱和奉献精神 3. 张昌绍在培养人才方面付出了大量心血。他对师资班都是定期主持答疑,对于进修生和研究生的科研也都悉心指导。在培养方法上,他主张"扶着走",反对"抱着走"。培养了邹冈、秦伯益和桑国卫院士等一批对中国药理学研究和新药研究贡献巨大的科学家。以此激发学生树立勤勤恳恳、孜孜不倦的工作作风
案例效果	课程思政案例与教学内容紧密结合,本案例教学学生总体满意度高

六、特色与创新

(1)新目标。对标《中国本科医学教育标准——临床医学专业》本科毕业生毕业基本要求,明确了药理学教学在科学和学术、临床能力、健康与社会、职业素养 4 个方面的目标达成中的作用。在此基础上建立基于毕业要求导向的药理学教学目标,明确各个目标领域的思政元素属性。

(2)新形态。收集数据资源,包括图片、视频、拓展阅读等,极大地丰富了知识的呈现形式,拓展了教学内容,利于学生自主学习,提高教学效果。

七、教学效果

思政要素有机融入教学环节,并服务教学目标达成,取得了一定效果,近年学生评价分数平均高于 97 分,得到学生一致认可。

	评价号	评价指标	单项均值	满意度	权重	理论/实验	完全符合 Com	比较符合 Com	基本符合 Basi	不太符合 less	很不符合 Not
□	1	爱国守法、言行雅正,倡导社会主义核心价值观。Be patriotic a	98.65	98.647	0.4	讲课	124	9			
□	2	立德树人,关心学生成长,积极回应学习诉求。Establish moral	98.20	98.195	0.6	讲课	122	10	1		
□	3	备课充分,目标明确、重点突出,条理清晰。Adequate lesson p	98.20	98.195	0.3	讲课	121	12			
□	4	教学方法手段有效,课堂互动参与和氛围好。Effective teaching m	96.84	96.842	0.4	讲课	114	17	2		
□	5	及时布置作业任务,认真检查、反馈、指导。Assign homework	97.44	97.444	0.3	讲课	118	13	2		
□	6	学生对老师教学工作的满意度高。Students are highly satisfied	97.14	97.143	0.375	讲课	114	19			
□	7	学生获得感强,达成课程学习目标。Students have a strong ser	96.39	96.391	0.625	讲课	109	24			

上课校区:椒江校区 对教师评价分:97.4756 参评学生人数:147 有效参评学生人数:131 对教师所有课程的加权平均分:97.6629

注:如果课程没有评价或者没有进行评价统计,则不能导出,查询以及查看评语

（陈　光）

第 **6** 章

机能实验学

一、课程概况

机能实验学是以实验性的方法探索与研究正常机能活动及调节规律,异常机能活动的发生、发展、转归的内在机制,揭示生物、心理、社会等因素与机体机能活动间的相互作用规律的学科。本实验学科是以生理学、病理生理学和药理学的经典实验技术与方法为基础,并整合行为心理学实验、生物学实验的相关内容等融合而成的一门跨学科的实验性科学,是基础医学课程体系中的重要组成部分。

本门课程的主要内容有以下 3 个方面:一是基础实验知识方法与技术训练;二是综合性实验研究;三是创新性、设计性实验探索。基础实验知识方法与技术训练的主要内容是学习仪器器械的使用、实验对象的选择及基本动物实验操作技术。综合性实验研究机体在多种状态下某一机能活动的变化、调节及与多因素相互作用的规律,本类实验多分系统或器官进行,使多学科知识有机融合。创新性、设计性实验探索,是利用机能实验学的方法,遵循实验研究的基本原则,针对不同的疾病模型或机体状态,研究其他因素对它们的影响及原理。

二、课程目标

通过机能实验学学习,要求医学生达到以下主要目标。

(1)观察学习机能实验学实验动物的基本操作,常用实验仪器与实验器械的使用,并通过多次实验协作或逐步独立完成相关实验,培养相关的实验操作能力。

(2)通过不同的实验,认识正常功能、致病因素条件下和药物作用条件下机体机能活动的变化,并评价各指标的变化与机体机能活动的关系。

(3)客观记录实验相关数据,科学合理呈现实验结果,批判性地评价实验数据与实验条件、实验操作与理论预期结果的关系。针对实验结果与实验现象,联系相关理论知识及学科进展进行讨论分析,书写实验报告。

(4)能对实验过程中机体的意外变化进行及时合理的评估并处理,为临床工作培养前置观察与分析处置能力。

(5)能设计合理实验以初步探索机能实验学相关问题。

三、思政元素

以社会主义核心价值观为中心,以"三个自信"为引领,凝练了本课程主要的思政元素。

(1)生命至上——敬业。关爱动物-关爱患者-关爱生命。关爱生命是从医职业者最为核心的医德要求。学生要不断探索生命活动中的机能变化,从而更好地服务于生命健康。

(2)严谨求是——诚信。客观记录实验结果,不篡改,不抄袭,养成良好的科学素质。

(3)团结协作——友善。小组实验,团结协作,互帮互爱,发挥特长,共同完成项目。

(4)探索不止——文化自信。以科学的态度,从中西医不同方面探索实验现象与本质,为中医提供实验支持。

四、设计思路

1. 思政元素与机能实验学的结合

对于医学专业教育,思政的根本着眼点就是提升学生的专业能力。医学专业本质上是一门经验性的实践性学科。机能实验学课程强调"能实不虚,能线下不线上"的原则,能提升学生整个医学教育基础阶段的综合素质与实践能力。思政元素与机能实验学的内容可以有机地结合,在不同的实验中可以楔入相关的思政点。

2. 课程思政的具体内容、目标及教学方法

序号	教学内容概述	思政元素	思政载体	教学方法
1	机能实验学概述	动物伦理 生命至上	"4·24"世界实验动物日活动	课堂教育 "4·24"征文 实验动物祭
2	神经与运动系统实验	关爱生命	外周神经炎疾病案例 脊髓灰质炎案例	讨论
3	内脏系统综合性实验	关爱生命 诚信	代入疾病案例 实验结果记录本	讨论 点评结果记录
4	多因素影响机能综合性实验	友善协作 诚信	分工与协作 实验结果记录本	组长负责下的分工协作 点评结果记录
5	人体机能实验	生命至上 隐私保护	监护仪在生命体征观察中能否取代人工观察	讨论
6	探索设计性实验	友善协作 诚信 文化自信	奥托·洛依维的两个蛙心实验发现乙酰胆碱	课前布置学生搜集相关资料并讨论

五、育人元素实施案例

项　目	内　容
案例名称	"4·24"世界实验动物日活动
案例所属教学内容	机能实验学概述
思政元素	动物伦理；生命至上，医者仁心
案例描述	4月24日世界实验动物日是已经受到联合国认可的、国际性的纪念日。国内许多医药院校、科研院所和企业等涉及实验动物的单位陆续设立了实验动物伦理委员会，建立了实验动物纪念碑，举行实验动物纪念活动。近年来，中国病理生理学会在每年4月24日前后均会举行世界实验动物日纪念活动，活动内容主要有纪念诗词征文及向动物纪念碑献花等
案例实施方案	1. 结合机能实验学概述动物伦理学习，引入世界实验动物日活动 2. 布置并征集世界实验动物日纪念诗词 3. 组织学生举办实验动物祭活动 4. 总结世界实验动物日活动，引导学生尊重生命、关爱生命
案例意义	实验动物是人体的"替难者"，人们在生命科学的探索、科研、教学和生产活动中，始终有实验动物的巨大贡献。尤其是在医学领域，由于实验动物可以模拟人类的疾病方式、人体功能的变化、疾病的发生发展及治疗多在实验动物身上首先进行试验。在抵抗传染性疾病流行中，实验动物在疫苗研发过程中功不可没。关爱实验动物、保证动物福利、减轻动物痛楚、释放动物天性是科学的、人道的要求。从对实验动物的关爱推及对生命的关爱，是学生须建立并具备的核心职业素养
案例资源列表	1. 台州学院医学院实验动物纪念碑

项目	内容
案例资源列表	2."我与实验动物的故事"短文（部分）及获奖展示 3. 实验动物祭活动

六、特色与创新

机能实验学是基础医学学习阶段最主要的动物实验课程,对学生进行动物伦理观念的培养,从而推及关爱生命、爱护生命的主题是非常有必要的。本门课程不仅从实验设计、实验过程中体现这一点,还结合社会活动提升学生对动物伦理及生命至上主题的认识。

在实验课程中,通过虚实结合、被动与主动结合,让学生能逐步认识中医的科学性,树立文化自信,树立爱国情怀。

在实验中,全程要求实验结果客观,实验成果团队共享、共同负责。培育学生诚信、友善、负责的人格。

七、教学效果

教学相长,师生共同进步。本实验课程深受学生喜爱,在教务部门组织的课程评教中,机能实验学团队的评分一直很高。同学们也纷纷留下评语且几乎没有负面评论。只有受到了影响,才会有同学们内心的感动。

2019 级临床医学专业学生参加浙江省大学生生命科学竞赛并获奖;本课程教师参加 2021 年全国青年教师机能学实验技能大赛并获奖。

（汪旭明）

第 **7** 章

预防医学

一、课程概况

预防医学以人类群体为研究对象,应用生物医学、环境医学和社会医学的理论、宏观与微观相结合的方法,研究疾病发生与分布规律以及影响健康的各种因素,制定预防对策和措施,达到预防疾病、促进健康和提高生命质量的目的。预防医学属于应用科学,主要包含 4 个方面的内容:流行病学原理与方法,临床预防服务,社区预防服务,卫生服务体系与卫生管理。本门课程有助于培养学生从人群大健康、生命全周期的整体观上认识健康和疾病的关系,不同人群健康促进、疾病防治的策略,从而构建疾病科学防治和管理的思维框架。学习预防医学有助于学生在从基础医学过渡到临床医学的学习过程中应用流行病学的方法去探索疾病的病因、诊断、治疗、发展和转归,扩大学生从个体诊疗服务到临床预防服务的责任边界,重视社区群体预防的重要意义,从更高的维度、更广的视角来认知生命、健康、疾病及相关因素的关系。

预防医学是台州学院临床医学专业一门专业基础必修课程,64 学时,3.5 学分,临床医学专业大三学年开课。自 2019 年开始在超星学习通平台上建立预防医学课程,开展线上线下混合式教学,并将思政元素融入课程设计,力争将知识与意识形态有机结合。

二、课程目标

根据台州学院"应用性、地方性、综合性、高教性"的办学定位,按照《中国本科医学教育标准——临床医学专业》的基本要求,结合学生的学情、社会的需求设定了课程的教学目标。

1. 知识目标

(1)掌握流行病学的基本理论,并能区分典型流行病学方法的应用范围,人群特征、暴露因素确定、研究对象的选择,实施过程和步骤,数据的收集、整理和分析等知识。

(2)掌握临床预防服务的意义,健康行为干预的理论、实践指导、具体行为改变的个体和群体干预策略。

(3)掌握传染病和慢性非传染病的预防和控制的理论、机制、策略和措施,环境相关疾病的预防和控制。

(4)能够运用流行病学方法探索和解释健康促进和疾病因素,建立"三级预防"的系统观。

(5)了解卫生服务体系与卫生管理的基本框架和健康促进的意义。

2.能力目标

(1)能够利用所学的流行病学方法对临床问题和现象进行人群领域的探索和解释。

(2)能够利用健康行为干预的原理和方法在日常临床服务中进行个体化的预防服务。

(3)能够利用传染病、慢性非传染病的预防和管控,各种环境和食品安全的原理为社区疾病预防工作做出积极定位,并进行具体实践。

3.职业素养目标

培养"五星级医生",使其具备卫生保健提供者、医疗决策者、健康教育者、社区卫生领导者和服务管理者的职业能力和素养。

三、思政元素

(一)预防医学的思政元素主要突出以下几个方面的内容

(1)文化自信。弘扬祖国传统文化,突出中医在预防医学中的重要性,培养学生的民族自豪感。

(2)责任感。关爱生命、尊重生命,突出生命的意义,培养学生守护健康的责任感。

(3)情、理和法。哲学思辨思维,突出平等的意义,培养学生捍卫患者之间医疗资源分布上平等、公平的使命感。

(4)爱国情怀。厚植爱国情怀,传承爱国、爱党、爱社会主义的红色基因。

(5)职业担当。强调敬业精神和吃苦耐劳的精神在基本公共卫生服务体系的重要作用,培养学生的服务意识、奉献精神、奋斗精神,树立正确的职业价值观和工作作风。

(6)创新意识。科学的精神。

(二)具体的思政案例举例

本课程的思政主要通过视频展示、经典案例、身边榜样、情景再现、开展辩论等方式进入课堂,让学生耳濡目染、身临其境。

1.通过视频展示,让学生领会大医精诚、大爱无疆

在流行病学概论部分,视频播放伍连德在东北发生鼠疫,情况万分危急之时,毅然奔赴疫区扑灭鼠疫。在传染病预防和控制部分,视频介绍汤飞凡对祖国的热爱,国外学成归来,分离了沙眼衣原体,大大降低了沙眼的患病率。此外,他还研制了青霉素及多种疫苗。他有报效祖国的赤诚之心,有为科研献身的大无畏精神,以及治学严谨的科学态度。以这些视频激发学生对老一辈科学家的崇敬之情。

2.经典案例讲述科学家的科学精神

在病因推断部分,讲述案例诺贝尔奖获得者的故事——幽门螺杆菌的发现:巴里·马歇尔和罗宾·沃伦利用流行病学方法证明幽门螺杆菌与十二指肠溃疡之间的关系。以此案例来说明因果推断的原则,同时渗透科学的严谨性和重要性,让学生懂得选择最难的那条路,接受未知,坚持探索,要有坚毅的品格。

3.身边人物的引领作用,小人物在平凡的岗位上也可以熠熠生辉

学生暑期实践基地之一——台州市椒江区洪家社区卫生服务中心有一位工作人

员——蔡海红医生,她植根基层卫生服务行业30年,工作兢兢业业,对就诊的患者认真负责,受到百姓的高度认可。这些年,每个工作日她平均要接诊100多名患者,她的微信好友列表里,有6281名患者。蔡海红医生作为我们身边的医生,学习她扎根基层、兢兢业业的精神有助于提升学生的职业责任感和服务意识。

4. 通过学生的情景再现,体现上医治未病的防病责任和义务

以医院为场景,以日常诊疗为切入点,以"医生劝导戒烟"为主题,让学生进行情景再现,从而让学生了解除了日常诊疗工作,每个医生都是健康的守护者,都是预防战线的卫士,增加学生对临床预防的理解,让学生明白自己"守护人民群众大健康"的职责和使命。

5. 以辩论的形式,启发学生思考医生的责任和使命感

以"在戒烟限酒的生活方式中,酒是'戒'还是'限'?"为题目进行辩论,培养学生严谨的、辩证的思维方式。

四、设计思路

1. 思政元素与预防医学的结合

课程思政作为预防医学专业课授课过程中的一个要素,首先,要与课程的知识点相契合,不突兀、不脱离;其次,要突出思政元素,将其渗透在课程里、融化在学习全过程;再次,要有恰当的测评工具,了解思政的效果;最后,可以将思想转化为行动,达到内化于心、外化于行的目的。结合以上4点,预防医学的课程思政设计思路如下。

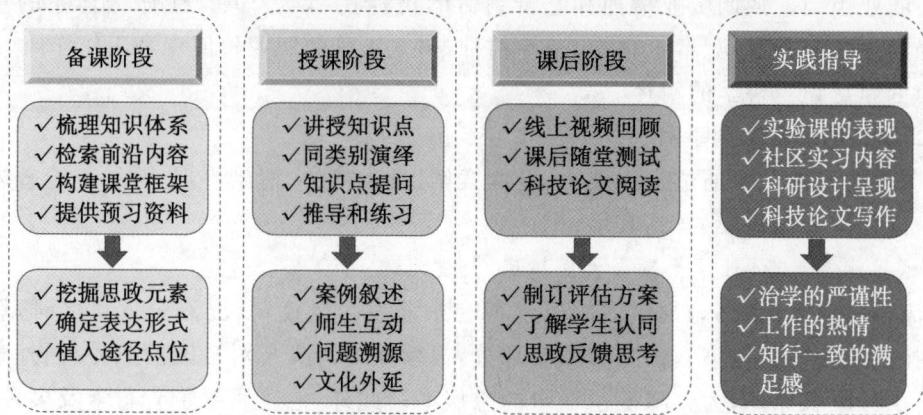

备课阶段	授课阶段	课后阶段	实践指导
✓梳理知识体系 ✓检索前沿内容 ✓构建课堂框架 ✓提供预习资料	✓讲授知识点 ✓同类别演绎 ✓知识点提问 ✓推导和练习	✓线上视频回顾 ✓课后随堂测试 ✓科技论文阅读	✓实验课的表现 ✓社区实习内容 ✓科研设计呈现 ✓科技论文写作
✓挖掘思政元素 ✓确定表达形式 ✓植入途径点位	✓案例叙述 ✓师生互动 ✓问题溯源 ✓文化外延	✓制订评估方案 ✓了解学生认同 ✓思政反馈思考	✓治学的严谨性 ✓工作的热情 ✓知行一致的满足感

2. 课程思政具体内容、目标及教学方法

序号	教学内容	思政元素	思政载体	教学方法
1	流行病学概论	文化自信 无私奉献 家国情怀	中医在有记载的321次疫情中的重要作用;伍连德、苏德隆博士的故事	叙事法 讲述法

（续表）

序号	教学内容	思政元素	思政载体	教学方法
2	流行病学资料来源与疾病分布	恪守职业道德 坚持健康至上	于维汉探索克山病病因和防治的案例	图片展示 视频播放
3	常见的流行病学研究方法	严谨诚信的科学态度 求真思辨的科学素养	反应停药物与胎儿畸形的相关性研究案例 吸烟与肺癌的关系探索	案例分析法 启发式教学
4	偏倚控制与病因推断	打破固化思维 不断创新和优化 追求卓越	信息"茧房"效应 幽门螺杆菌的发现	案例导入 讲述法
5	筛查与诊断试验	人民至上 健康至上	癌症筛检的意义	数据展示
6	公共卫生监测与疾病暴发调查	家国情怀 奉献精神 同舟共济的民族精神	武汉新冠疫情暴发调查	叙事法 视频展示
7	预防医学绪论	职业使命感 大健康、大卫生的责任担当	"五星医生"的标准	举例法
8	烟草的控制	培养健康行为 培养社会责任感	无烟校园	叙述法 数据列举法
9	合理营养指导	建立国家合理营养指导的认同感 加强业务赋能服务	中国营养膳食指南简介 糖尿病患者的饮食配餐表	叙事法 实践法
10	食品安全与食源性疾病	诚实守信 知法守法 敬畏生命	洋葱种植甲拌磷案	案例教学
11	传染性疾病的预防与控制	制度自信 文化自信 家国情怀	新冠疫情的中国式防治和管控	时间事件展示法
12	慢性非传染性疾病预防与管理	扎根基层的奉献精神 敬业精神	基层医生蔡海红的故事	特邀社区医生进课堂
13	环境相关疾病及其预防	热爱环境,保护环境 科研精神,钉子精神	"两山"理念 克汀病和氟骨症的防治故事	讲述法 列举法
14	职业相关疾病及职业卫生服务	追求真理 秉承正义 生命至上	张海超开胸验肺的故事	讲述法

五、育人元素实施案例

预防医学包含的内容比较丰富,涉及的领域比较广泛,在应用层面上又比较抽象,是自然科学与社会科学相结合的学科。做好预防医学的思政,要注重案例的积累和分类,做好思政元素的提取并贴好标签。以"食品安全和食源性疾病"的课程内容为例,思政元素与课程内容的整合路径和具体表现形式如下所示。

1. 实施路径

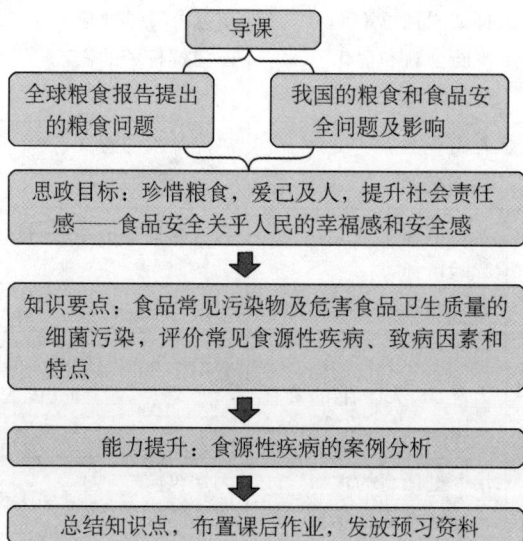

2. 实施内容

项目	内容
课程内容	食品安全和食源性疾病
思政元素	珍惜粮食、关心食品安全、提升社会责任感
知识点	1. 食品卫生质量的细菌污染指标及其食品卫生学意义 2. 食物中毒的分类和特点 3. 各类细菌性食物中毒的机制类型和鉴别诊断 4. 毒蕈中毒的临床表现类型及特效解救药 5. 化学性食物中毒的原因、临床表现、急救和预防
案例描述	2019年,甘肃省某地农业农村局接到群众举报,反映该地某村将土地流转给村民种植洋葱,每晚向田地浇水时喷洒甲拌磷(俗称"3911")。该地农产品质量安全监督站相关工作人员随后开展多次调查,发现有3名农民在用农药喷施机械喷施农药,在其农用车内发现甲拌磷农药空瓶20个,地面有遗弃的农药瓶盖,空气中弥漫着浓烈的刺激性气味。经调查,种植户马某某在所种植的洋葱地块内违法使用了甲拌磷农药。之后,该地农业农村局将案件相关证据移交公安机关查处
课后作业	针对相关知识点,在超星学习通平台发布相关作业 秉承科普原则,让学生根据所学知识选一个食物中毒的案例做相关的科普宣传

（续表）

项目	内容
教学反思	通过案例的描述,让学生了解生产、加工、销售、入口的全过程都要有严格的执行标准和法律规范,食品安全无小事,关系到每个人的生命和健康。在对事件的描述过程中讲解食品种植对食物安全的影响,帮助学生建立食品安全意识、法律意识和生命至上的意识

六、特色与创新

预防医学具有"广、联、虚、用"的特征。学生没有临床和社区工作的实践经验,因此学生既要应用所学的基础医学知识,又要突破微观探索的思维体系,将医学知识应用于宏观人群中。针对本课程的特点,做了一些特色改进。

（1）案例选取尽量贴近生活、贴近专业、贴近科学。

（2）让知识点变成故事,让故事变成经历。邀请社区医生将真实的案例带入课堂,基于知识点让学生自选主题,实施、整理、呈现、评价和反思,从而了解基于人群研究的方法、意义、作用和科学精神与实际工作的结合。

（3）做实用的科学,让科学变成科普,让学生做到知识与实践相联系,将所学知识通过个人的创造,变成生动有趣的科普,从而赋能给尽可能多的人,提高大众的健康素养,学生也能从中体会到自身的价值感和责任感。

七、教学效果

本门课程的教学效果从认知、情感和满意情况 3 个维度入手,主要通过学生访谈和调查问卷来评估。

对学生的访谈,从"身边某同学去乡镇卫生院工作""你对考研的看法""××学术造假事件""科普工作的力所能及之处"等具体问题出发,通过学生的阐述和观点总结,了解到学生对基层公共卫生建设的态度由排斥到接纳,对待就业和考研能从个人和国家的角度全局着眼,能够以求真务实、愿意奉献的态度来对待科学和科普工作。从认知度上看,学生能够建立自我与国家、社会的链接,并能意识到遵循自然规律和社会规律对疾病预防和公共卫生的意义,并且定位自我在该领域的价值和方向。由此,学生能够达到自我肯定、自我规划、自我责任和义务的明晰,有达成"自我"目标的满足感。

通过调查问卷形式了解学生的整体情况。问卷从专业内容,授课评价,知识掌握情况,对环境污染、职业病防治等典型事件所持的观点来考察学生的专业知识和思想认知。通过对调查问卷的分析,学生基本上掌握了随堂的专业内容,并能在随堂的思政内容中进行反思和辩证理解,对现存的环境问题、职业问题、人群健康问题等公共卫生领域的事件提出科学的解决方案的同时,还能够从社会、国家和组织的角度来考虑人和组织对疾病防治和健康促进的意义。通过课程思政,学生的思想格局在不断延伸和扩大。

（陈王洋）

第 **8** 章

基础护理学

一、课程概况

基础护理学是四年制护理学专业的一门核心专业基础课程,它建立在解剖学、生理学、护理学导论、护理伦理学等基础医学及人文社会科学的基础上,是护理专业学生学习护理专业课程前(如成人护理学、妇产科护理学、儿科护理学)的必修课程,是连接基础医学和临床护理的"桥梁课",对培养具有扎实基本知识和娴熟基本技能的合格护理专业人才起着举足轻重的作用。本课程内容突出了"以患者为中心"、以"健康问题为中心"的整体护理理念,强调以护理程序理论为框架的教学模式。

通过本课程的教学,使学生掌握护理学的基本理论和知识,确立以护理对象为中心的整体护理观,运用护理程序的思想和工作方法指导护理实践,具有良好的人际沟通与交往能力,具有高度的责任心、同情心、爱心和团结协助精神,在整体护理观念的指导下,运用所学知识和技能为护理对象服务,并为后续所学的护理专业课做好铺垫,打下坚实的基础。

本课程共72学时,4.5学分,护理学专业大二学年开课。本课程的组成"基础护理学Ⅱ"已在浙江省高等学校在线开放课程共享平台上线,2022年课程被认定为浙江省一流本科课程。

二、课程目标

根据近年来教育部出台的《普通高等学校本科专业类教学质量国家标准》《护理学类教学质量国家标准》等一系列标准,遵循《护理学类教学质量国家标准》本科毕业生应达到的基本要求,依据我校"应用性、地方性、综合性、高教性"的办学定位,设定了成果导向的课程教学目标。

1. 知识目标

(1)通过学习,学生能够全面掌握护理学基础知识。

(2)通过学习,学生能够为常见病、多发病、急危重症护理的开展进行支持,熟悉影响健康的生物、心理、社会因素,能说出常见药品的药理及管理要点,了解人群卫生保健知识和学科发展动态。

2. 能力目标

(1)学生能够运用所学知识开展护理评估、护理计划及整体护理,具备病情观察及配合应急救护的护理能力。

(2)学生在护理过程中能够进行有效沟通与合作,具备评判性思维与临床决策能力以及自主学习能力。

(3)学生能够通过文献检索收集资料,并具备一定的专业外语能力。

3. 素质目标

(1)通过学习,学生能够在护理职业行为中具备良好素质。

(2)学生在实施护理过程中具备专业精神和团队精神,能开展跨学科合作。

(3)学生能够形成正确的专业价值观,在护理工作中能考虑护理对象及家属的权益。

4. 思政目标

(1)具有爱国情怀、社会责任感及服务健康中国建设的使命感;能够设身处地地关心患者。

(2)具有大医精诚精神,始终把人民群众生命安全和身体健康放在首位,做党和人民信赖的"有温度、有情怀"的好护士。

三、思政元素

(一)思政元素的内容

本课程思政元素以社会主义核心价值观为引领,把家国情怀、社会责任感、中华优秀传统文化、理想自信、文化自信和大医精诚等品德教育融于专业课堂教学中,始终把人民群众生命安全和身体健康放在首位,培养党和人民信赖的"有温度、有情怀"的好护士。主要包括以下 6 个方面。

(1)家国情怀。为实现"健康中国 2030"规划应尽的职责。

(2)医者仁心。医务人员应有的同理心、善心、爱心、责任心。

(3)慎独修养。自觉坚持护理道德信念,坚守护理道德规范。

(4)严谨创新。探索创新的同时应遵守科学道德、恪守学术规范。

(5)尊医护患。尊重同行,尊重患者的生命、尊严及权利。

(6)敬畏生命。树立珍惜生命、善待生命、热爱生活的人生观。

家国情怀	医者仁心	慎独修养
严谨创新	尊医护患	敬畏生命

(二)具体思政案例举例

基础护理学是护理专业的一门具有悠久历史的专业基础课,其发展靠的是一代又一代护理人前赴后继的努力与传承,强调护理专业从古走到今,完全是植根于人文关怀的土壤,人文关怀是护理学的本源与精髓,让广大学生认识到,护理的目的是为人类健康造福,把个人价值和社会价值结合起来,运用护理技术为社会做贡献。在日常教学中穿插结合临床真实情境的思政案例,强化职业道德,结合护理专业特点,引导学生认识护理职业道德是发扬人道主义精神、救死扶伤,将正能量的医学事件渗透于教学的始终。形成集寓教于教、寓德于教、寓道于教、寓文于教为一体的课程思政体系,使学生在专业课程中潜移默化地接受思政教育,以培养"有温度、有情怀"的护理学专业学生。

1. 挖掘思政元素

将荣获白求恩奖章、南丁格尔奖章,被授予全国优秀共产党员、"革命烈士"称号,被评为"100 位新中国成立以来感动中国人物"的广东省中医院二沙岛医院急诊科护士长叶欣的事迹作为思政元素,以传承和弘扬患者至上、爱岗敬业、团结协作、牺牲奉献的叶欣精神。

2. 关注国家时政

教师传授给学生的,不只是知识,更有情绪、情感和情怀。将教学内容与爱国主义教育结合,时时关注聚焦跟我们专业密切相关的重大公共卫生方面的问题,关注这些问题的发展趋势及对广大人民群众健康的影响,培养学生关爱生命、尊重患者的人道主义精神和全心全意为人类健康服务的专业精神,培养学生的家国情怀。

3. 结合临床模拟情景教学

在课堂教学中结合病案导入临床模拟情景教学,教师选取有代表性的案例,组织学生分析,提出问题与学生共同讨论,并根据案例共同创设情境,充分体现护患情感交流及学生对疾病的认识,强调教与学相结合,以促使学生主体意识的形成,并养成科学的思维方法。通过扮演患者,学生能够从患者的角度去全面体验其感受,从而转变服务理念、增强服务意识、改善服务态度,塑造良好的服务形象;通过模拟护士的工作情境,学生能够感受课程的实用价值和临床实践对自身的要求,获得积极的情感体验,形成专业角色的转换,增加对不同临床角色的认知,并更深入地理解其行为和规范。

四、设计思路

(一)思政元素与专业知识衔接及实施方法

课程教学以模拟临床情境为切入点,将教学内容重新整合,引导学生树立责任意识。同时,线上资源中各章节均设置了相应的临床模拟情景讨论案例,融入思政要素。教学设计以具体临床工作任务为载体,从照护者视角审视个体存在的护理问题及需求,将关爱精神内化于心、外践于形。

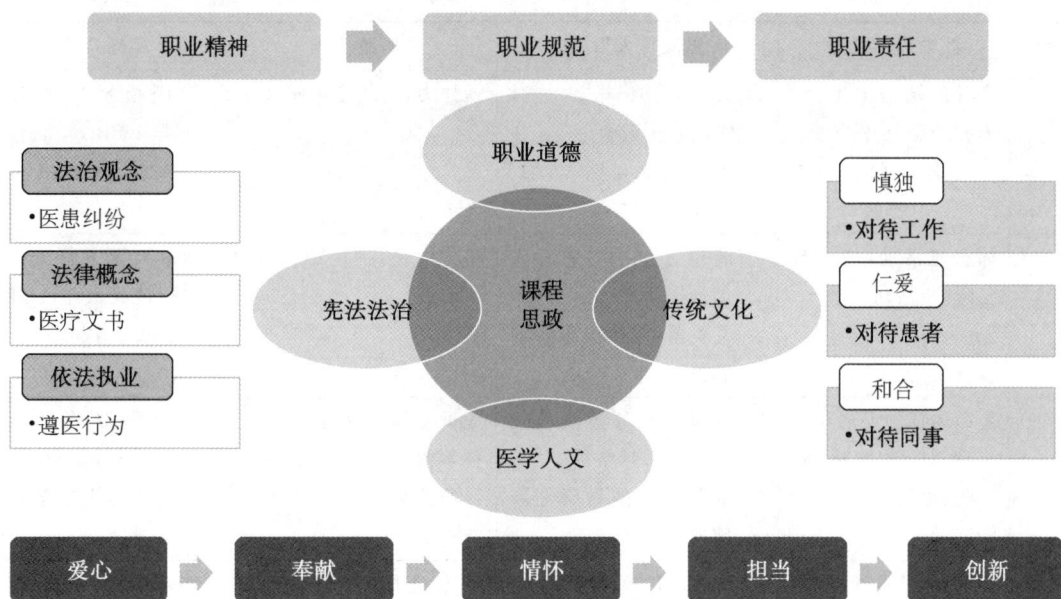

职业精神 ➡ 职业规范 ➡ 职业责任

法治观念
· 医患纠纷

法律概念
· 医疗文书

依法执业
· 遵医行为

职业道德

宪法法治 课程思政 传统文化

医学人文

慎独
· 对待工作

仁爱
· 对待患者

和合
· 对待同事

爱心 ➡ 奉献 ➡ 情怀 ➡ 担当 ➡ 创新

（二）课程思政具体内容、目标及教学方法

序号	教学内容概述	思政育人目标	思政案例	实施方式
1	环境：环境与健康、医院环境	1. 关心呵护患者，为患者创造安全、舒适的治疗环境 2. 尊重、理解患者，保护患者的隐私 3. 培养家国情怀	爱国情感：2003年非典型肺炎疫情时期北京小汤山医院的建设，2020年新冠疫情时期武汉雷神山、火神山医院的建成	临床模拟情景教学＋PBL＋混合式教学
2	预防与控制医院感染：医院感染，清洁、消毒、灭菌，手卫生、无菌技术，隔离技术	1. 具有严谨的职业态度及科研创新精神 2. 培养为人类健康事业奋斗的社会责任感 3. 具有无畏、忘我、担当及牺牲精神	榜样力量：叶欣烈士的先进事迹 历史回顾："手卫生之父"匈牙利产科医生伊格纳兹·塞麦尔维斯	叙事教育＋临床模拟情景教学＋混合式教学＋汇报
3	入院和出院护理：入院、卧位、运送、出院	1. 具有严谨的职业态度 2. 能设身处地为患者着想	爱国情感：方舱医院出院患者的终末消毒	临床模拟情景教学＋PBL＋混合式教学
4	患者的安全与护士的职业防护：安全、职业防护	1. 尊重生命、敬畏生命 2. 合规守纪、慎独精神	爱国情感：抗击疫情一线护士的防护	临床模拟情景教学＋PBL＋图启式＋混合式教学

序号	教学内容概述	思政育人目标	思政案例	实施方式
5	患者的清洁卫生:口腔护理、头发护理、皮肤护理、会阴护理、晨晚间护理	1. 关心、爱护、尊重患者,体现爱伤观念 2. 护患交流自然、亲切、有效	榜样力量:临床优质病房	临床模拟情景教学＋PBL＋混合式教学＋汇报
6	休息与活动:休息与睡眠、活动	1. 能想方设法为患者休息创造条件 2. 关爱患者、体恤患者的痛苦	榜样力量:钟南山的先进事迹	叙事教育＋临床模拟情景教学＋混合式教学
7	生命体征的评估与护理:体温、脉搏、呼吸、血压	1. 具有慎独修养及救死扶伤的奉献精神 2. 培养学生的科研创新精神	危重患者抢救案例 科学精粹:体温计、血压计的发明与发展	临床模拟情景教学＋PBL＋文献查阅＋混合式教学
8	冷热疗法:概述、冷热疗法的应用	1. 关心、呵护、理解患者 2. 培养学生严谨的职业态度	临床进展:冷热疗法的发展	临床模拟情景教学＋PBL＋查阅文献
9	饮食与营养:概述、营养状况的评估、医院饮食、一般饮食、特殊饮食	1. 尊重患者的感受,满足患者的需求 2. 树立责任意识	传统文化:台州特色饮食文化	临床模拟情景教学＋PBL＋混合式教学
10	排泄:排尿、排便	1. 爱护患者、保护患者隐私,诚信严谨 2. 培养学生的无畏、忘我、担当及奉献精神 3. 培养学生的创新精神	临床案例 历史回顾:孙思邈与导尿术	临床模拟情景教学＋PBL＋文献查阅＋混合式教学

五、育人元素实施案例

下面简要描述该课程的育人元素及其在课程教学中的切入点和实施路径。

项目	内容
案例名称	永远的白衣战士——广东省中医院二沙岛医院急诊科护士长叶欣
教学内容	隔离技术
思政元素	家国情怀;身先士卒、临危不惧、不怕危险、不顾疲劳、舍生忘死、团队协作;探索精神

(续表)

项目	内容
案例描述	叶欣,广东省中医院二沙岛医院急诊科护士长,2009 年 9 月 14 日,她被评为 100 位新中国成立以来感动中国人物。急诊科是二沙岛医院最大的护理单位,快速、及时、有效的工作要求,复杂多变的病情,触目惊心的状况,护士长不仅需要有超一流的护理技术,更要有临危不惧、指挥若定的领导能力和冷静敏捷的思维能力。每当急诊科有传染性疾病患者前来就诊时,叶欣总是一马当先,冲锋在前,尽量不让年轻的护士们沾边。她总是说:"你们还小,这病危险!"对待这类患者,她总是护理得格外耐心、细致,没有一丝嫌弃。对于家境贫寒的患者,她甚至主动出钱为他们买药物。她常常对护士们说:"他们得了传染病已经够不幸了,社会的歧视给他们心理造成的伤害也许比病痛更让他们难受! 作为护士,我们要解决他们身体的痛苦,更要给他们爱的力量,生活的力量!"一次,一位刚参加工作的护士为患者服务时引发了患者的不满,叶欣主动到患者家登门道歉,并做自我批评。二沙岛医院刚建立时,叶欣主动请缨,提出到急诊科担任护士长,负责繁重的护理组建工作。 传染性非典型肺炎,又称严重急性呼吸综合征(SARS),是一种因感染 SARS 相关冠状病毒而导致的以发热、干咳、胸闷为主要症状的呼吸道传染病,严重者出现快速进展的呼吸系统衰竭,是一种新的传染病,极强的传染性与病情的快速进展是此病的主要特点。2003 年,叶欣在与非典型肺炎战斗中为了抢救患者不幸染病,献出了宝贵的生命!
案例实施方案	1. 课前发布章节学习信息和教学目标 2. 上传主流媒体视频、图片、临床模拟情景案例至超星学习通平台,供学生观看与学习 3. 在超星学习通平台讨论区围绕视频及案例内容和隔离技术的知识点展开讨论,教师在平台区及时引导但不干预学生的观点,重点引导学生学会自主学习和知识检索 4. 根据学生平台预习及讨论情况设计课堂教学 5. 上课开始时一组学生(课程开始时已进行分组,每组 5～6 名学生)上台讲 PPT,台下同学提问,教师适时引导 6. 最后教师总结并讲解本节课中的重要知识点,解答学生的疑惑 7. 课后发布作业,检测学习效果 8. 课外拓展学习材料,书写反思日记,以提升思政教育效果
案例意义	2003 年非典型肺炎疫情时期,在这场没有硝烟的抗击非典型肺炎的阻击战中,叶欣护士长身先士卒,逆行冲锋在危险的最前方,最后因患非典型肺炎而牺牲,以血肉之躯为国家安定和人民群众的生命安全筑起了一道安全的"隔离墙",也让人们记住了这位伟大的白衣天使。我们刚刚经历了新冠疫情,该案例具有典型性和亲近性,在护理专业的核心课程基础护理学的隔离技术的课堂教学中具有以下几个关键意义: 1. 培养学生的家国情怀和始终把人民群众生命安全和身体健康放在首位的意识 历史总是如此相似,在新冠疫情席卷中华大地时,很多白衣战士喊着"传承叶欣精神"的口号,把医院当作他们的战场,把白衣当作他们的战袍,"身后即是祖国,我们无路可退"。一批批的白衣战士在先贤的感召下舍生忘死、奋不顾身。这些正在发生的事让学生们感同身受,能极大地激发学生的爱国热情。

（续表）

项目	内容
案例意义	2. 教育学生要忠于职守、坚守岗位 2003年初广东发生了非典型肺炎疫情，得到通知后，叶欣护士长主动承担起了大量的夜班工作，直到病倒前的长达2个多月的时间里，叶欣护士长始终没有离开过岗位，没有回过一次家。 3. 把危险留给自己，把安全让给别人 叶欣护士长十分清楚，抢救传染性特别强的急危重患者是医务人员感染风险最大的时刻，也是可能被感染最主要的原因，但是叶欣护士长以一个共产党员的高度责任感和强烈的责任心，主动承担起这类患者的抢救工作，把危险留给自己，尽量保护自己的同事。她与该科室主任一样，早就做好了被感染的准备，对家人和孩子都做了妥善的安排。在抢救急危重患者的过程中，为了避免过多的人员接触，他们总是自觉承担起最危险的工作，有时甚至关起门，不让其他医务人员介入。 4. 生死抉择中，她把生命给了患者 特别有意义的一幕是，在ICU，叶欣的病床恰在经她手挽救的患者的病床旁边。该患者康复出院后不到一个星期，叶欣护士长却因为病情严重，不治离世。 5. 多年来一贯出色，点滴事迹感人至深 叶欣护士长长期以来一直在技术上精益求精，在工作上兢兢业业、认真负责。她对同事关怀备至，深得大家的喜爱；她对患者无微不至，灿烂的笑容感染了无数患者。 叶欣护士长的事迹总让人潸然泪下，此案例既是思政案例，也是我们护理职业的光辉典范。榜样的力量是无穷的，她的事迹被写成文章，编入了教科书，正影响着一代代青少年，激励着一代代的护理人奋力前行！

六、特色与创新

1. 临床模拟情景教学贯穿始终

将课程内容进行重构，将碎片化的知识进行系统化整合，将枯燥的文字变成鲜活的临床情境案例，加强学生的角色认知，激发学生融入临床情境去思考、探索，提高学生运用知识解决临床实践问题的能力，同时培养学生从患者的角度去全面体验其感受，从而转变服务理念、意识、态度，塑造良好的服务形象并获得积极的情感体验，提升职业自豪感。

2. 构建人文与专业相结合的教学模式

基础护理学的授课对象为大学二年级的护理学专业学生，这个阶段的学生对专业认识模糊，职业认知缺乏。教学团队将思政理念融入课程教学，将护理人物楷模的事迹、人文议题、社会热点等以视频教学、PBL、CBL、叙事教学、案例教学等方式呈现，以提升学生的人文素质。

七、教学效果

1. 实习医院评价

学生结束了课程学习，进入医院实习，表现出足够的人文关怀与同理心，得到实习医院、患者及其家属、用人单位的一致好评。

2. 学生评价

学生学习本课程后,认可这种教学模式,学生评教优秀。

（梁珍红）

第 **9** 章

基础护理学实训

一、课程概况

基础护理学实训属于护理学实践范畴,是护理学专业课程体系中最基本、最核心的课程之一,对培养具有娴熟基本技能的合格护理学专业人才起着举足轻重的作用。课程的基本任务是培养学生良好的职业道德和职业情感,使学生掌握护理学的基本技能,将所学技能灵活地运用于临床护理实践中,满足患者基本需求,使其尽可能恢复到健康的最佳状态。本课程是学生学习临床专业课的必备前期课程,为临床各专科护理提供了必要的基本技能。课程以抗疫护士为载体,以临床案例为依托开展思政教育,培养仁术兼修、知行合一的新时代卓越护理人才。

本课程 80 学时,2.5 学分,护理学专业大二学年开课。2019 年,课程分别在学银在线、浙江省高等学校在线开放课程共享平台上线,选课院校 25 所,选课人数 3000 人,课程被认定为浙江省首批一流本科课程。

二、课程目标

1. 知识目标

能系统地掌握生活护理、治疗护理、病情观察和健康教育等各项护理操作技能及相关知识。

2. 能力目标

能结合临床案例,借助网络学习平台,运用所学的知识与技能初步解决护理对象的健康问题,具有初步的临床思维、临床决策能力。能有效进行护患沟通,团队协作,关爱生命,具有护理职业素养和人文情怀。

3. 价值目标

具有家国情怀、社会责任感、服务健康中国建设的使命感,始终把人民群众生命安全和身体健康放在首位,坚定全心全意为人类健康服务的专业精神,树立敬畏生命、乐于奉献、合规守纪、团队协助、人文关怀的医者精神,做党和人民信赖的"有温度、有情怀"的好护士。

三、思政元素

本课程思政元素以社会主义核心价值观为引领,主要包括 6 个方面。

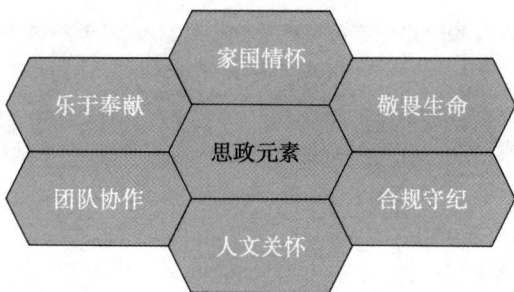

具体的思政案例举例。

1. 时事新闻

及时捕捉各媒体上可以培养学生爱国情怀,将个人价值与国家利益紧密联系在一起,为实现"健康中国 2030"规划努力奋斗的元素。如新冠疫情的防控,展示全球抗疫情况及中国迅速有效的抗疫举措与成果(如下图),强调护士在抗疫中的重要性,让学生感受祖国的伟大,激发家国情怀,培养民族自豪感,提升职业神圣感。

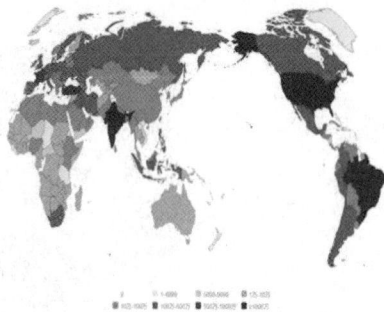

2. 红色故事

主要将护理前辈、当代优秀护士事迹作为思政元素,以培养学生爱岗敬业、敬畏生命、乐于奉献、知行合一的品质,增强护理专业的职业神圣感。主要的思政元素有:护理学创始人南丁格尔的故事,诺贝尔奖获得者的故事(青霉素的发明者弗莱明)、抗疫英雄的故事(本校校友——援鄂抗疫护士)、优秀护士事迹(本校校友——"浙江省优秀护士"获得者王卫珍)等(如下图),强调护士在人类生命守护、健康促进中发挥的重要作用。

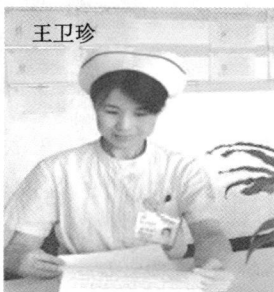

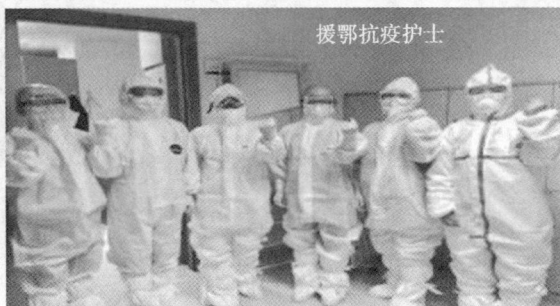

弗莱明　　　　　　　　　　　　　　　　　　援鄂抗疫护士

3. 临床病案

以临床真实的病案为素材,培养学生团队协作、尊重平等、合规守纪的职业素养。医务人员应注意保护患者隐私,尊重患者的尊严与权利,具有同理心、善心、爱心,具有慎独修养和严谨的科学态度。主要的思政元素有:临床患者接受治疗护理时的现场视频,临床真实案例中挖掘的思政元素做成的讨论案例。让学生在真实情境下,换位思考,体会患者的感受,从而培养学生的同理心,激发学生的爱心。下图为临床真实案例情景模拟。

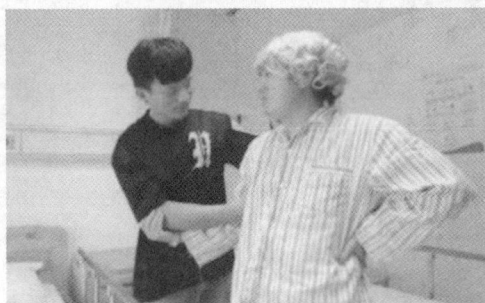

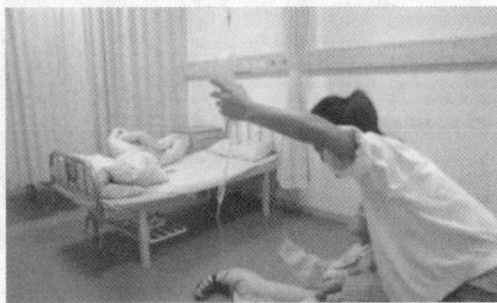

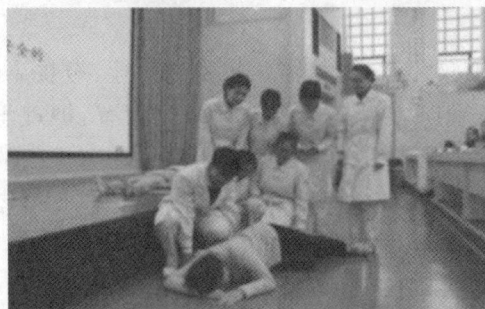

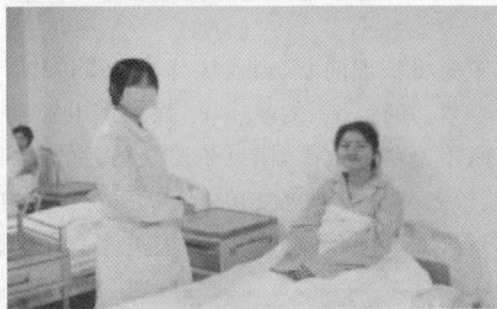

4. 叙事护理案例

培养学生尊重患者、友善关爱的人文关怀精神。主要的思政元素为临床一线护士的叙事文章(如下图)。让学生感受到护士职业环境的温度,感受到来自患者及其家属的温度,感受到一名优秀的护士带给患者的温度,努力使自己成为一名有温度的优秀护士。

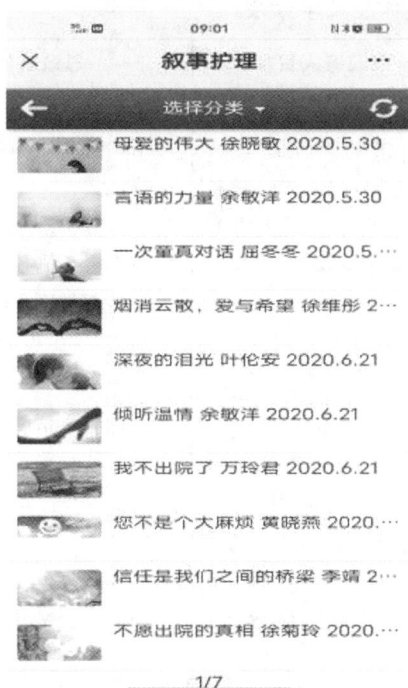

四、设计思路

1. 知识点教学过程中育人元素的切入与衔接

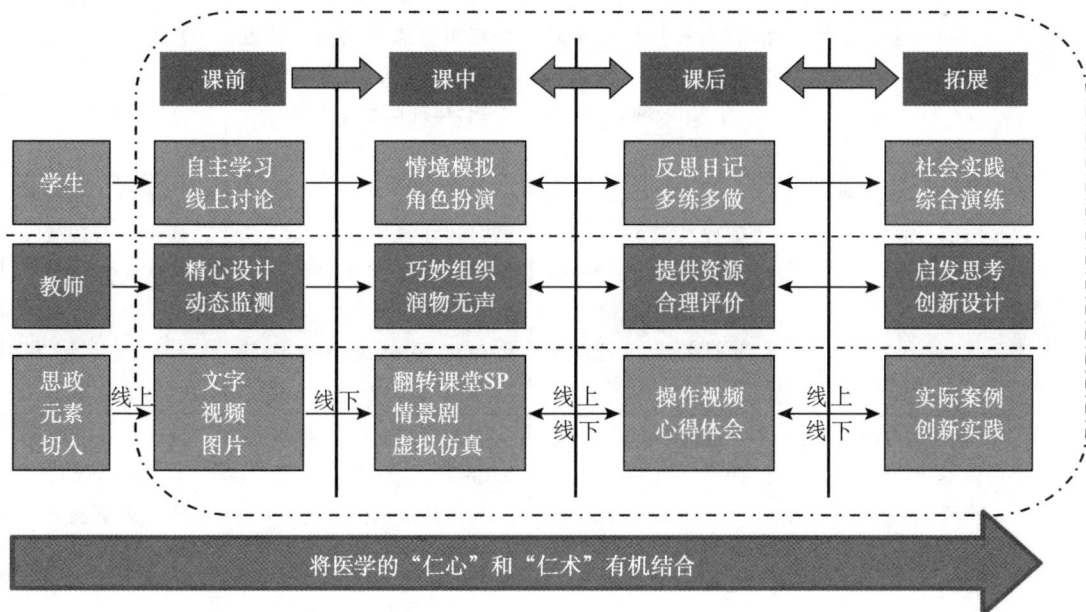

2. 课程思政具体内容、目标及教学方法

序号	教学内容	思政育人目标	思政案例	实施方式
1	生活护理:铺床、有人床更换床单、口腔护理、背部护理、运送患者	1. 关爱患者,能进行有效的护患沟通 2. 有同理心,同情理解患者,有较强的人文关怀能力	1. 给乳腺全切患者进行生活护理时,注意保护患者隐私 2. 在口腔护理前,让学生亲身体会不刷牙的感受 3. 在背部护理、运送患者操作中,学生扮演肢体功能障碍患者	案例教学+情景模拟+角色扮演+翻转课堂
2	医院感染的预防与控制:洗手、戴口罩、无菌技术、穿脱隔离衣、穿脱防护服	1. 爱国情怀的培养 2. 树立为人类健康事业奋斗的社会责任感 3. 认同专业的价值,培养职业使命感、自豪感 4. 具有严谨的职业态度 5. 合规守纪	1. 全球抗疫情况 2. 中国抗疫成功分析 3. 抗疫护士穿脱防护服视频 4. 校友抗疫护士日记 5. 国家防控文件	案例教学+叙事教育+情境教学
3	生命体征的评估与护理:体温、脉搏、呼吸频率、血压的观察和测量,给氧,吸痰	1. 尊重患者的生命、尊严、权利,具有慎独修养 2. 有救死扶伤的奉献精神 3. 为人类健康努力学习	1. 本校校友手术室护士紧急情况下为新生儿实行口对口吸痰案例 2. 慢阻肺患者的吸氧浓度调节,结合疾病病理介绍,体现医学专业知识在治病救人中的重要性	情境教学+角色扮演+翻转课堂+团队项目教学+PBL+TBL
4	饮食与排泄护理:鼻饲术、导尿术、灌肠术	1. 尊重人的生命,具有同理心 2. 爱护患者、保护患者隐私,诚信严谨 3. 敬畏生命,关爱患者	1. 临床真实患者鼻饲插管过程视频 2. 女同学给男患者导尿案例讨论 3. 患者屡次拔掉鼻饲管案例	情境教学+角色扮演+翻转课堂+团队项目教学
5	给药技术:各种注射、雾化吸入、静脉输液	1. 严谨慎独、合规守纪 2. 能换位思考,体会患者的痛苦,对患者竭诚以待、充满人文关怀 3. 追求真理、精益求精的科学精神	1. 临床给药差错事件案例集 2. 儿童注射哭闹案例 3. 青霉素发明者的故事	情境教学+角色扮演+翻转课堂 从模拟人到真人实操应用

（续表）

序号	教学内容	思政育人目标	思政案例	实施方式
6	临床模拟情景综合演练	1. 具有团队协作能力，具有职业自豪感 2. 懂得职业担当，具有创新和循证思维 3. 具有为了人类健康而奉献的精神	1. 呼吸心跳停止患者抢救成功案例 2. 南丁格尔的故事 3. 临床叙事护理文章	标准化病人教学＋情境教学＋翻转课堂

五、育人元素实施案例

下面以"预防和控制医院感染"为例，阐述育人元素实施方案。

项目	内容
案例名称	最美逆行者——"浙江省抗击新冠肺炎疫情先进个人"洪优优
教学内容	医院感染的预防和控制
思政元素	爱国情怀、敬畏生命、乐于奉献、合规守纪、团队协作、人文关怀
案例描述	洪优优，副主任护师，台州市中医院大内科护士长，急诊科兼重症监护室护士长，浙江省第二批援鄂抗疫危重症组的护理组长。2020 年 11 月被评为"浙江省抗击新冠肺炎疫情先进个人"
案例实施方案	1. 课前发布章节预习内容及教学目标 2. 上传最美逆行者洪优优媒体采访小视频及图片、先进案例，抗疫护士穿脱防护服视频至超星学习通平台供学生观看 3. 在超星学习通平台讨论区围绕案例内容和护理技能的知识点展开讨论，教师在平台区及时引导但不干预学生观点，重点引导学生学会自主学习和知识检索。根据学生平台预习及讨论情况设计课堂教学 4. 课堂实行翻转课堂教学。设置真实医院场景，学生分成 4 人一组，分别扮演患者、家属、护士，教师适时引导。将抗疫过程中穿防护服视频引入课堂，指导学生洗手－穿隔离衣－戴口罩技术，让学生感受到真实环境下的真学真做，学到真本领，真正做到医学的"德"和"术"的有机融合 5. 教师总结并讲解本章节中的重要知识点，解答学生的疑惑。布置课外技能训练任务，让学生写下角色扮演感想，提升思政教育效果 6. 课外思政拓展升华，请洪优优做现场面对面交流

（续表）

项目	内容
案例意义	此案例发生在特殊时期,洪优优是学生熟悉的人（校友）。此案例具有时效性和亲近性,在护理学实践教学中引用,具有以下几个关键意义:①中国开展了一场规模宏大的疫情防控阻击战,最大限度地保障了中国人民和全世界人民的生命健康权益,为维护全球公共卫生安全做出重大贡献,体现了中国作为负责任大国的国际担当,激发学生的爱国主义情怀;②洪优优身上的"舍小家、为大家"及为国为民担当的精神,彰显了一名优秀护理工作者的价值取向,是学生学习的榜样,有利于学生培养正确的人生观和价值观,实现了正确的价值引领;③抗疫过程中,洪优优严谨的科学态度和不怕苦、不怕累的工作作风,激励学生努力学习专业知识、练好专业技能,树立为医学事业奋斗终生的崇高理想;④洪优优分享的视频展示了抗疫护士穿防护服的技能,为学生做了示范。此案例既是思政案例,又是专业技能示范案例,真正做到了价值引领、能力提升和技能培养

六、特色与创新

1."三全"育人理念下实现了护理实践课程融合思政教育的模式创新

课程思政贯穿课前、课中、课后、拓展及考核全过程,将思政内容通过"学校医院、线上线下、虚拟现实"六位一体的方式以盐溶于水的形式渗透到职业能力培养中,彰显全员、全程、全方位的"三全"育人理念,从而使价值引领、能力提升和技能培养融为一体。

2.情境式教学触发人文感知

采用视频教学、叙事教学、案例教学等方式呈现情境,并借此注入临床可能遭遇的人文议题、社会热点等问题,辅以临床情景模拟、角色扮演,使抽象的人文技能形象化、具体化。将家国情怀、社会责任、科学态度、人文关怀、护理专业技能相结合,提升学生的认知、情感、价值观。

七、教学效果

1.学生认可度高、获得感强

学生学习本课程后,认可这种教学模式,认为本课程既培养了"仁心"又收获了"仁术",学生评教优秀。课程增强了学生对护理学专业的认可,强化了学生作为未来护士的责任感和使命感。学生在各类社会实践及毕业实习中深受社会、医院、患者及家属的喜爱,在各级各类护理技能竞赛中收获佳绩。

2.课程有良好的引领示范作用

本课程已在学银在线开课 8 轮,浙江省高等学校在线开放课程共享平台开课 7 轮,课程入选 2019 年浙江省一流本科课程,2021 年台州学院"课程思政"示范课堂,在此基础上出版《护理学专业实训教程》教材 1 部。本课程还荣获浙江省"互联网＋教学"示范课堂称号,浙江省课程思政优秀案例二等奖。

（胡伟玲）

第**10**章

内科护理学

一、课程概况

内科护理学是护理学专业的核心课程,它建立在基础医学、护理学与人文社会科学的基础上,教会我们认识疾病、预防与治疗疾病、护理患者、促进康复及促进健康。这是一门奠基性的护理专业课,内容包括呼吸、循环、消化、泌尿、血液、内分泌与代谢、风湿性疾病、传染病与神经系统疾病患者的护理,它阐述的内科疾病诊治要点、基本诊疗技术操作、内科疾病护理理论等内容在临床护理学中具有普遍意义,是学好其他护理专业课程的关键。

内科护理的服务对象是年龄在 14 岁以上的人群,从青少年至中老年,年龄跨度大,对护理服务要求高。随着社会经济的发展与人们生活水平的提高,病因与疾病谱发生变化,临床护理的服务范围在扩大,从医院走向社区、从个体走向群体,这些对护理人员的素质与护理水平提出了更高的要求。

在本门课程的教学过程中,将人文知识、伦理知识等渗透到课堂教学,培养和提升学生的学习兴趣,培养学生的专科护理操作能力和职业操守,强化学生主动服务于患者的意识,增强学生从事临床护理工作的热情,要求学生在对患者进行整体护理实践过程中体现出更多的人文关怀,为今后的临床护理工作奠定基础。

本课程 168 学时,包括理论教学 120 学时,实验教学 48 学时,共 9 学分。

二、课程目标

以课程育人为引领,依托线上线下、课内课外、校内校外混合驱动,实现家国情怀、社会责任、价值理想、正谊明道、精诚仁爱、求真求实、协同合作、初心使命融合联动。聚焦于培养学生热爱生命、品格高尚、求真务实、永攀高峰的责任感和使命感,引导学生做一个有品格、有追求、有奉献、有温度的医务人员。

1. 知识目标

让学生能够总结护理专业的基本理论、原则、准则和范畴;能够辨识不同临床实境中的基本原理和规范体系应用。

2. 能力目标

让学生能够运用课程知识,形成思辨能力,处理临床情境中的医学问题;能够针对临床复杂情境,从医学视角理解和处理医疗难题。

3. 素质目标

培养学生领悟熟用医学知识和职业规范,提升职业素养和课程思政价值内涵,并在实际生活中应用。培养有情怀和有温度的护理工作者。形成寓教于教、寓德于教、寓道于教、寓文于教为一体的课程思政体系。

结合临床真实思政案例,强化学生的职业道德,结合护理专业特点,引导学生认识护士的职业道德是救死扶伤。将正能量的医学事件与教学紧密结合。

搭建全程育人格局的桥梁,使护理专业课程与思想政治课同向同行。在学生参与情景模拟和 PBL 教学模式下应用思政案例,使学生在专业课程中潜移默化地接受思政教育。

三、思政元素

内科护理学课程思政就是把家国情怀、社会主义核心价值观、中国传统文化、理想信念、文化自信和大医精诚等品德教育融于专业课堂教学中,培养仁心仁术、有温度的医务工作者。思政元素主要包括 6 个方面:家国情怀、医者仁心、慎独修养、严谨创新、尊医护患、敬畏生命。

具体思政案例如下。

(1)"时代楷模"、抗疫伟人钟南山的故事。钟南山院士潜心研究抗击非典型肺炎、新冠的方案,培养学生的医者仁心、严谨创新的品质。

(2)从一名自学成才的赤脚医生,到血液病治疗研究领域享誉国内外的权威专家,到中国科学院当年最年轻的院士,再到卫生部部长,陈竺在他的人生履历中一次次写下浓墨重彩的传奇。让学生理解医学问题的社会性,树立正确的职业价值观,培养学生敬佑生命、严谨创新的品质。

(3)屠呦呦因研制抗疟疾良药青蒿素获得诺贝尔生理学或医学奖。过去几十年,青蒿素在全球共治疗了 2 亿多人,挽救了数百万人的生命。屠呦呦及其团队经过多年攻坚,已提出应对青蒿素抗药性问题的可行治疗方案,并在青蒿素治疗红斑狼疮等适应证、传统中医药科研论著走出去等方面取得进展,获国内外权威专家的高度认可。培养学生的严谨创新精神、家国情怀和医者仁心的使命情怀。

(4)临床案例。利用临床典型案例和反面案例,让学生思考比较,提高学生的辨识能力,让学生学会关爱患者,培养学生的职业素养。

(5)政策法规。向学生宣讲《"十三五"全国结核病防治规划》《"健康中国 2030"规划纲要》等政策法规,让学生明白国家的大健康战略,培养学生人民至上的情怀和家国情怀。

四、设计思路

1. 育人内容与专业知识技能教育内容有机融合

本课程授课以临床医学案例为主线,以情景模拟综合实训模式为载体,搭建全员、全程育人格局的桥梁,使护理专业课程与思想政治课、医学人文教育、社会实践同向同行。在学生参与情景模拟教学模式下应用思政案例,使学生在专业课程中潜移默化地接受思政教育,使护理知识教育与思政元素相互融合,提高学生的整体素质。

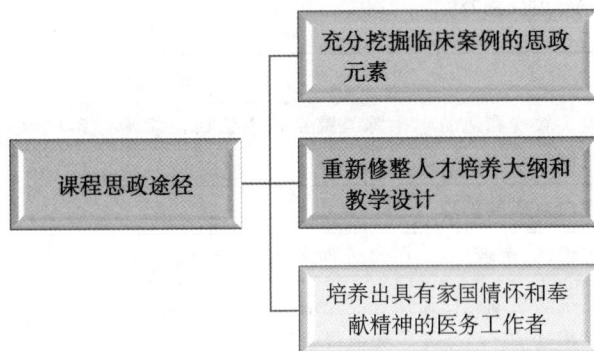

2. 课程思政具体内容、目标及教学方法

序号	教学内容概述	思政元素	思政载体	教学方法
1	呼吸系统疾病的护理	创新精神 守护希望	新冠疫情期间，医务人员逆行驰援武汉的事迹	案例教学 翻转课堂
2	循环系统疾病的护理	敬佑生命 严谨创新	2020 年国家开始集体采购心脏支架，价格由原来的上万元降至几百元	案例讨论 情景教学 PBL
3	消化系统疾病的护理	敬佑生命 守护希望	第37届南丁格尔奖获得者秦力君照顾肝癌患者的事迹	案例教学 分组讨论
4	泌尿系统疾病的护理	家国情怀 敬佑生命	纪录片《生命缘》	案例教学 PBL
5	血液系统疾病的护理	家国情怀 职业素养	砒霜治疗急性早幼粒细胞白血病	案例教学 分组讨论 PBL
6	内分泌系统疾病的护理	家国情怀 守护希望	纪录片《生命缘》《急诊室故事》	案例教学 分组讨论 PBL
7	神经系统疾病的护理	团队协作 医者仁心	纪录片《人间世》《急诊室故事》	案例教学 分组讨论
8	传染病疾病的护理	无私奉献 大爱无疆	李兰娟、钟南山院士抗击新冠疫情、非典型肺炎疫情的事迹；屠呦呦用青蒿素治疗疟疾获得诺贝尔奖的事迹	案例教学 分组讨论

五、育人元素实施案例

项目	内容
案例名称	王振义教授和他的学生陈竺院士苦心钻研砒霜治疗急性早幼粒细胞白血病的药物机制
案例所属教学内容	急性白血病的护理
思政元素	家国情怀、医者仁心、探索精神、严谨创新
案例描述	急性早幼粒细胞白血病曾经是最致命的癌症类型之一。王振义在医学教育一线坚守已超过70年,培养了无数得意门生,造就了"一门四院士"的佳话。他首创了国际公认的白血病治疗"上海方案",放弃申请专利无偿交付,让更多的患者受益。他98岁时仍然活跃在医学教育和人才培育的前沿阵地,他的学生陈竺院士进一步开创出可以不用化疗的新疗法,采用全反式维甲酸和三氧化二砷(砒霜)实施综合治疗,90%的患者在接受此疗法后可被治愈。瑞典皇家科学院在公报中说,这种疗法的治疗效果已被大量科学研究证实。在许多国家,这种联合疗法已成为治疗急性早幼粒细胞白血病的首选。 归国初期,创业之艰苦超出了陈竺的想象。当时,担任上海血液学研究所所长的王振义只是一个"皮包所长",陈竺要建血液研究室更是缺人、缺设备,甚至没有一间像样的房子。艰苦的条件并没有吓倒陈竺,小小实验室的灯光常常亮到黎明。陈竺带领同事们边建设分子生物学和细胞生物学实验体系,边开展了对急性早幼粒细胞白血病发病原理及全反式维甲酸治疗该病机制的研究。经过顽强拼搏,实现了我国人类疾病相关基因发现零的突破,并发现了全反式维甲酸诱导急性早幼粒细胞白血病细胞分化的一组关键基因(RIG基因系列)。1994年,当陈竺得知哈尔滨医科大学张庭栋教授等用三氧化二砷治疗急性早幼粒细胞白血病,取得时间长短不一的完全缓解的信息后,便开始与哈尔滨同行合作,全力以赴地投入癌细胞凋亡机制的研究。2年后,陈竺带领的研究小组与哈尔滨小组合作在国际权威杂志《血液》上发表论文,揭示了三氧化二砷是通过诱导癌细胞凋亡(细胞程序性死亡)而发挥作用的。这一发现使砒霜这个古老的药物,正式步入了现代药物治疗研究的主流。 经过多年探索和试验,陈竺发现全反式维甲酸和砷剂实际上是通过不同的途径,靶向作用于急性早幼粒细胞白血病的同一关键致病基因编码的蛋白质,并因此提出两药共用的"协同靶向治疗"设想。临床试验中,90%以上的患者长期无病生存。 1995年,陈竺被增选为中国科学院院士(生命科学与医学学部)。这年,他只有42岁,是当时中国医学界最年轻的中国科学院院士
案例实施方案	1. 课前发布章节学习内容和教学目标 2. 上传陈竺院士相关事迹至超星学习通平台供学生查看 3. 在超星学习通平台讨论区围绕急性白血病治疗的知识点展开讨论,教师在平台区及时引导但不干预学生观点,重点引导学生学会自主学习和知识检索 4. 上课时通过案例引出急性白血病的概念、以问题为基础,引导学生思考急性白血病死亡率高的原因,急性白血病的临床表现、诊断、处理原则、护理措施。课程采取"案例+知识讲授"的教学模式,在讲授中融入思政内容,使学生感受到医学大家的力量,增强学生的职业认同感 5. 教师总结并讲解本章节中的重要知识点,解答学生的疑惑 6. 课后发布作业,检测学习效果

（续表）

项目	内容
案例意义	"王振义教授和他的学生陈竺院士苦心钻研砒霜治疗急性早幼粒细胞白血病的药物机制"这一案例在"急性白血病的护理"这一章节引用,具有以下几个关键意义:①急性早幼粒细胞白血病是一种高度恶性肿瘤,死亡率非常高,为了减轻患者的痛苦,陈竺院士苦心钻研,终于取得突破性的进展,急性早幼粒细胞白血病成为人类历史上第一个通过砒霜治愈的血液肿瘤。强调陈竺院士在条件艰苦的情况下获得研究成果,以此激发学生内心的民族自豪感及对患者的关怀。②虽然研究过程十分艰辛,但是陈竺院士没有轻易放弃,摸索出砒霜是通过诱导癌细胞凋亡(细胞程序性死亡)而发挥作用的。这一发现使砒霜这个古老的药物正式步入了现代药物治疗研究的主流。以此激励学生在碰到困难时不要轻易放弃,研究需要不断探索;陈竺院士最终获得国际上的认可,让学生感受到中医的力量
案例资源列表	https://m.gmw.cn/baijia/2022-08-23/1303105030.html(造就"一门四院士"佳话,98岁的他仍坚持查房) https://news.12371.cn/2013/07/19/ARTI1374186664447381.shtml(陈竺:当年"赤脚医生"写下人生传奇)

六、特色与创新

1. 课程特色

(1)本课程是以专业课为载体,以思政为主概念,在护理课程中实现知识传授与价值引领的统一,将爱国主义教育、职业教育等有机结合,在传授知识的同时进行价值引领,最终实现课堂育人,立德树人,培养学生的家国意识、人文情怀、科学精神、专业素养和国际视野。

(2)充分挖掘护理专业育人的指导思想"课程思政",不需要增设教学活动和课程,而是将"立德育人"的基本理念融入每一次的护理专业课程中。结合职业道德教育开展课程思政,职业道德教育高于护理专业技能和技术教育。

(3)结合我国传统医学文化开展课程思政,中国优秀传统医学文化是民族的医学文化基因,更是我们医务人员的精神财富。让学生正确理解我国优秀的传统美德,树立正确的价值观,提高职业道德素养。将医学人文融入专业知识,以情感人。老师在授业解惑时,可将真实情感、职业情感有效融入课程思政和教学目标中,让学生理解大爱、大义,生出敬畏、感恩之心,激发学生的责任感。

(4)结合医学杰出人才的事迹,将其事迹编写入内科护理学课程思政资源库。充分挖掘各种课程思政的案例,形成本课程特有的案例库,用于教学。

2. 创新举措

(1)在本课程中融入课程思政能够提升本专业学生的职业认同感和价值感,降低职业倦怠率。把家国情怀自然渗入课程的方方面面,实现润物无声的效果。同时,本课程注重课程思政,润物细无声,以培养有温度有深度的护理人才。

专业课与课程思政结合	将立德育人理念融入课程
特色与创新	
将祖国医学文化融入课程思政	建立医学杰出人才和典型事迹的资源库

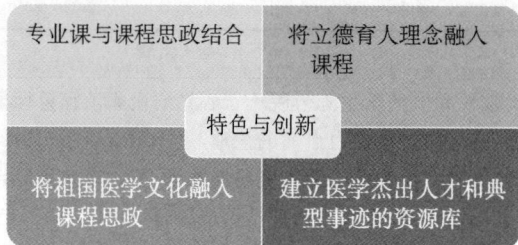

（2）将爱国主义教育、职业教育等有机结合，在传授知识的同时进行价值引领，最终实现课堂育人，立德树人。临床课程有很多基于真实情景的模拟教学是以教学目标和课程内容为导向，由学生参与模拟临床案例中各个角色，使其身临其境，提高学生护理综合素质的一种教学方法。

（3）深入挖掘课程思政的医学案例，结合我国医学传统文化开展课程思政。在课程思政视域下，护理专业课程教学应建立在传统文化的基础上，坚持"以文化人"，让学生正确理解我国优秀传统美德，树立正确价值观，提高职业道德素养。

七、教学效果

本课程经过多年建设积累，课程组将本课程打造为"思政育人为引领、实践强化为主线、项目学习为驱动、多元教学为举措、过程评价为保障"的校级"金课"。2020年项目负责人课程教案被评为校"互联网＋教学"优秀案例，课程被评为校级线上线下混合式一流课程。项目负责人获得省级教改课题。同时本课程为校级课程思政优秀案例、校级课程思政示范课程。

学生对内科护理学思政元素设计及内容价值认可度高，有较高的学习积极性与兴趣，认为对自己的职业发展及人生有帮助。该门课程学生评价优秀。

（王欣鹃）

第11章

妇产科学

一、课程概况

妇产科学是临床医学专业的一个重要组成部分,专门研究女性特有的生理、病理变化以及生育调控的一门临床医学学科,由产科学、妇科学和计划生育3个部分组成。本课程内容与内科学、外科学、预防医学、公共卫生等交叉融合,且具有很强的实践性和特殊性,临床诊疗过程中经常涉及患者隐私,因此需要培养学生具有良好的职业道德、人文关怀能力,具有多学科融合的思维模式及临床科研能力等。课程挖掘妇产科的思政素材,将其融入妇产科课堂教学中,引导学生树立正确的世界观、人生观、价值观。

本课程总学时88学时,其中理论56学时,临床教学见习32学时,共4.5学分。

二、课程目标

依据我校"应用性、地方性、综合性、高教性"的办学定位,结合新时期、新医学的新要求以及我校临床医学专业学生的知识结构,设定三位一体协同发展的教学目标。

1. 知识目标

让学生系统地掌握妇产科常见疾病的基本理论和基本知识、病因、发病机制、临床表现、诊断标准、治疗原则和措施。

2. 能力目标

让学生结合临床案例,运用所学的知识对常见的妇产科疾病进行诊断和临床决策,并能初步掌握相关的妇产科专业查体和操作技能。

3. 价值目标

注重加强医者仁心教育,在培养精湛医术的同时,引导学生始终把人民群众生命安全和身体健康放在首位,培养敬佑生命、救死扶伤、无私奉献、大爱无疆的医者精神,培养德才兼备的、具有家国情怀的医学人才。

三、思政元素

本课程思政元素以社会主义核心价值观为引领,主要包括6个方面。

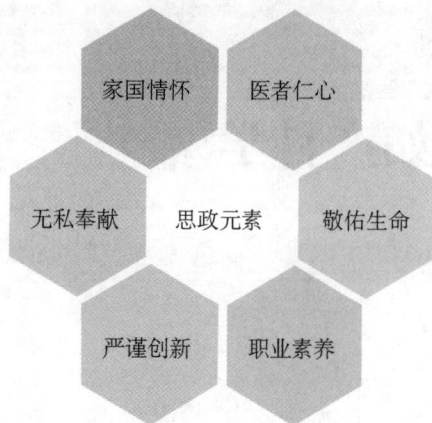

具体思政案例如下。

（1）"大医"故事。"万婴之母"林巧稚的传奇故事，宋鸿钊院士潜心研究滋养细胞肿瘤化疗方案，培养学生的医者仁心、严谨创新品质。

（2）社会伦理问题。"家属拒绝签字，产妇死亡""产后抑郁，母亲携子跳楼"事件等，让学生理解医学问题的社会性，引导其树立正确的伦理道德观，培养学生敬佑生命的美德。

（3）临床案例。利用临床典型案例和反面案例，让学生思考比较，提高学生的辨识能力，让学生学会关爱患者，培养学生的职业素养。

（4）政策法规。宣讲《中华人民共和国母婴保健法》《"健康中国 2030"规划纲要》等政策法规，让学生了解国家的大健康战略，培养学生的家国情怀、人民至上的情怀。

四、设计思路

1. 思政元素与专业知识衔接及实施方法

根据不同章节不同疾病的特点将思政元素融入相应的教学设计中，优化教案，将思政教育贯穿于妇产科教学全过程，深化教学内涵，提升课程质量。

2. 课程思政具体内容、目标及教学方法

序号	教学内容概述	思政元素	思政载体	教学方法
1	女性生殖系统解剖与生理	创新精神 守护希望	国内首例在移植子宫内孕育出生的"添宫宝宝"	案例教学 翻转课堂
2	妊娠生理及妊娠诊断	敬佑生命 严谨创新	中国试管婴儿之母——张丽珠 社会热点问题：胎盘能不能吃	案例讨论 情景教学
3	产前检查与孕期保健	敬佑生命 守护希望	出生缺陷防治 免费新生儿疾病筛查	案例教学 分组讨论

（续表）

序号	教学内容概述	思政元素	思政载体	教学方法
4	妊娠并发症	家国情怀 敬佑生命	孕产妇"五色"管理 贫困地区危重症产妇抢救"绿色通道"	案例教学 PBL
5	妊娠合并内外科疾病	家国情怀 职业素养	乙肝母婴阻断的中国方案 新生儿免费联合免疫	案例教学 分组讨论
6	胎儿异常与多胎妊娠	家国情怀 守护希望	出生缺陷防治 林巧稚先生研究胎儿宫内呼吸	案例教学 分组讨论
7	胎儿附属物异常	团队协作 医者仁心	纪录片《生门》	案例教学 分组讨论
8	正常分娩	无私奉献 大爱无疆	"万婴之母"林巧稚 无痛分娩推广	案例教学 分组讨论
9	异常分娩	医者仁心 敬佑生命	纪录片《人间世》	案例教学 分组讨论
10	分娩并发症	团队合作 医者仁心	纪录片《生门》 《"健康中国 2030"规划纲要》	案例教学 分组讨论
11	产褥期与产褥期疾病	医者仁心	产后抑郁症患者携子自杀	案例教学 分组讨论
12	女性生殖系统炎症	医者仁心 职业素养	引导健康性观念,预防性传播疾病	案例教学 分组讨论
13	子宫内膜异位症与子宫腺肌病	严谨创新	子宫内膜异位症姚氏分型	案例教学 分组讨论
14	盆底功能障碍及生殖器损伤性疾病	严谨创新 医者仁心	刘木彪教授在治疗盆底功能障碍疾病方面的贡献	案例教学 分组讨论
15	女性生殖系统肿瘤	家国情怀 严谨创新	"两癌"免费筛查 HPV 疫苗研发	案例教学 分组讨论
16	妊娠滋养细胞疾病	家国情怀 医者仁心 探索精神 严谨创新	宋鸿钊院士潜心研究滋养细胞肿瘤治疗方法	案例讨论 情景模拟
17	生殖内分泌疾病	医者仁心 人文关怀	世界更年期关怀日	案例教学 分组讨论
18	不孕症及辅助生殖技术	遵纪守法 职业素养 人文关怀	社会热点问题:"代孕"	案例教学 分组讨论
19	计划生育	精益创新	避孕药的发明、发展过程	案例教学 分组讨论

五、育人元素实施案例

项目	内容
案例名称	宋鸿钊院士苦心钻研绒毛膜癌治疗
案例所属教学内容	妊娠滋养细胞疾病
思政元素	家国情怀、医者仁心、探索精神、严谨创新
案例描述	科学的进展，都是由不知到知，由知之不多到知之甚多。其中关键是实践和思考。实践出真知，思考生智慧。绒毛膜癌的研究成果，即是通过"思考－实践－总结（思考）－再实践"这一途径取得的。——宋鸿钊 绒毛膜癌在 20 世纪 50 年代的中国比较多见，且死亡率非常高，虽然沿用国外的手术切除子宫和放疗的传统治疗方法，但是患者的治疗效果仍然非常差。面对患者的死亡，宋鸿钊开始尝试药物治疗绒毛膜癌，经过多种药物的尝试，1958 年第一例获得痊愈的绒毛膜癌肺转移患者从北京协和医院出院。为了让患者活得更好，他带领团队不断改进药物的使用剂量、方法，减轻毒副反应，克服耐药等问题。经过多年研究，"不治之症"变为"可根治之症"，从"一刀切"到"保留生育功能"。他通过回顾绒毛膜癌患者的相关资料，提出了绒毛膜癌的分期方法，"宋氏分期"得到全球同行的广泛认可，并在国际上一直沿用至今
案例实施方案	1. 课前发布章节学习内容和教学目标 2. 上传宋鸿钊院士相关事迹至超星学习通平台供学生查看 3. 在超星学习通平台讨论区围绕绒毛膜癌治疗的知识点展开讨论，教师在平台区及时引导但不干预学生观点，重点引导学生学会自主学习和知识检索 4. 上课时通过案例引出绒毛膜癌的概念、以问题为基础，引导学生思考绒毛膜癌死亡率高的原因，绒毛膜癌的临床表现、诊断、鉴别诊断、处理原则。课程采取"案例＋知识讲授"的教学模式，在讲授中融入思政内容，使学生感受到医学大家的力量，增强学生的职业认同感和责任使命感 5. 教师总结并讲解本章节中的重要知识点，解答学生的疑惑 6. 课后发布作业，检测学习效果
案例意义	"宋鸿钊院士苦心钻研绒毛膜癌治疗"这一案例在"妊娠滋养细胞疾病"这一章节引用，具备以下几个关键意义：①绒毛膜癌属于滋养细胞肿瘤，是一种高度恶性肿瘤，死亡率非常高，为了减轻患者的痛苦，宋鸿钊院士苦心钻研，终于取得突破性的进展，绒毛膜癌成为人类历史上第一个通过化疗获得治愈的实体肿瘤。突出宋鸿钊院士在条件艰苦的情况下获得研究成果，激发学生内心的民族自豪感及对患者的关怀。②在研究过程中虽然患者曾出现严重并发症，引来指责和嘲讽，但是宋鸿钊院士没有轻易放弃，通过对每个患者的细致观察和检查，摸索出毒副作用发生发展的规律，使化疗的安全性得到提高，更多的患者得以痊愈，以此激励学生在碰到困难时不要轻易放弃，研究需要不断探索。③宋鸿钊院士创立的滋养细胞肿瘤化疗方案被列入国际妇产科联盟的指南中，他开创性地提出了绒毛膜癌临床分期，虽然因为历史原因在 20 世纪 80 年代前不被国外所知，但后来宋鸿钊院士拿出翔实资料证明自己的研究，最终获得国际上的认可，以此让学生感受到中国医学的力量

（续表）

项目	内容
案例资源列表	https://www.cn-healthcare.com/articlewm/20210611/content-1230606.html（协和史话|宋鸿钊与绒毛膜癌化疗根治研究） https://ysg.ckcest.cn/html/details/437/index.html（中国工程院院士——宋鸿钊）

六、特色与创新

（1）显隐融合,加深学生对专业的理解和感悟。在教学过程中充分挖掘课程中的思政元素,通过潜移默化的价值引领和情感共鸣,既突出价值导向,又润物无声地达到教育目的,避免刻板说教,增加学习趣味,加深学生对专业内容的理解和感悟。

（2）环环相扣,激发学生的学习动力。采用多种教学模式,利用课前、课中、课后 3 个环节,线上线下相结合,引导学生全方位、多角度、多层次考虑临床问题,培养学生的责任意识,激发学生的学习动力。

七、教学效果

学生学习本课程后,认为课程内容丰富,从大医故事、社会热点话题、政策、法规、临床案例等方面拓展了妇产科学的教学内涵,提高了学生的政治觉悟和职业素养。学生在各类社会实践中深受社会、医院、患者及家属的喜爱,在 2021 年全国执业医师考试中通过率居浙江省高校首位。

（杨晶金）

第 **12** 章

女性健康课

一、课程概况

女性健康课是科普型公共课程,课程内容注重理论性、应用性、趣味性和新颖性,以讲授为主、视频操作为辅进行教学。课程围绕女性生理、病理特点,讲述妇科疾病、乳腺健康、妊娠、分娩、产褥、避孕、不孕及辅助生殖技术等,深入浅出,以期能为广大女性健康服务。通过课程的学习让学生了解女性各个时期的健康问题,能够将健康相关知识运用到生活之中,能积极预防女性在妇科与生殖健康中发生的问题,提升健康水平,促进身心和谐。

本课程 32 学时,2 学分,在学银在线和超星学习通平台以纯线上和线上线下混合式课程模式运行,2022 年被评为台州学院线上一流本科课程。

二、课程目标

本着为党育人、为国育才的初心,传承弘扬"澡身浴德、修业及时"的校训精神,大力培育具有忠诚、奉献、进取、合作特质的高素质应用型人才。女性健康课为台州学院通识选修课,面向所有专业、所有年级学生开放。课程围绕女性生理、病理特点,讲述妇科疾病、乳腺健康、妊娠、分娩、产褥、避孕、不孕及辅助生殖技术等,以期能为广大女性的健康服务。本课程具体教学目标如下。

1. 知识目标

让学生了解女性各个时期的健康问题,能够将健康相关知识运用到生活之中,能积极预防女性在妇科与生殖健康中发生的问题,提升健康水平,促进身心和谐。

2. 能力目标

通过探究、讨论,能进行女性健康的科普指导,从青春到婚育,从孕产到哺乳,掌握女性生理、心理健康的发展规律,通晓女性健康的基本知识,从医学的视角关照女性身体的方方面面。

3. 素质目标

通过剖析临床案例,结合全球及我国的生育形势、政策,帮助学生树立正确的世界观、人生观及婚育观,塑造高尚的道德品质,形成以人类健康可持续发展为己任的价值观。通过课程思政育人元素的融入,在价值观塑造上,培养学生坚守中华文化立场、传承中华文化基因、汲取中国智慧、弘扬中国精神、传播中国价值,运用中华优秀传统文化的价值与智慧,结合爱党、爱国、爱社会主义、爱人民、爱集体等新的时代内涵,坚定理想信念,践行社会主义核心价值观,增强学生自觉继承、弘扬中华优秀传统文化的责任感以及建设文化强国的使命担当。

三、思政元素

本课程在进行课程思政教学改革的顶层设计时,强调一个原则,就是要遵循思想政治工作规律、教书育人规律和学生成长规律,努力做到以下 3 点:第一,自然融入。将思政元素融入课程教学,目的是提升育人水平,若强行将一些思政教育的内容嫁接到学科教学中,牵强附会,容易造成思政元素与学科知识分离,效果适得其反。第二,严谨贴切。团队在设计教学时,相关思政理论吃不透、拿不准时,要研究学习相关书籍,或向马克思主义学院的教师请教,一定要做到严谨贴切,不能模棱两可或以讹传讹。第三,画龙点睛。现实生活中,道德规范、哲学原理、做人道理等都能跟学科育人联系起来,贵在得当。女性健康课课程思政切入点和实施路径如下图。

提倡自然分娩,减少无明显指征的剖宫产

具体思政案例如下。

(1)医学研究探索。"国产宫颈疫苗研发之路",让学生了解国家在 HPV 疫苗接种方面的工作进程,培养学生对祖国的自豪感。"如何科学坐月子",让学生了解中国传统文化强大的生命力,增强学生文化自信。

(2)关注国家时政。"中国新生人口问题",新生人口现状与《中华人民共和国人口与计划生育法》新规定,在法律上确定了中国现行的基本生育政策,培育学生新时代建设的责任担当。"'两癌'筛查与双丝带行动",优先保障农村妇女、城镇低保妇女,引导学生认识国情,理解中国传统文化是中国特色社会主义植根的文化沃土。

(3)临床热点案例。"大学生寝室产子",帮助学生树立正确的生命观、健康性爱观。"母乳喂养六大问题",国家卫生健康委等 15 部委联合印发《母乳喂养促进行动计划(2021－2025 年)》保障妇女儿童权益,让学生体会更基本、更深层、更持久的中国力量。

四、设计思路

从课程筹建到运行,思想政治教育是本课程的重要内容,也是贯彻落实立德树人要求的关键环节。在 2016 年的全国高校思想政治工作会议上,习近平总书记提出了不断提高学生思想水平、政治觉悟的明确要求,教育引导学生做到"四个正确认识"。女性健康课的要义就在于让学生学会用正确的立场、观点和方法分析问题,把学习、观察、实践同思考紧密结合起来,善于把握时代的发展方向、把握社会的主流和支流、现象和本质,养成历史思维、辩证思维、系统思维和创新思维,如下图所示。

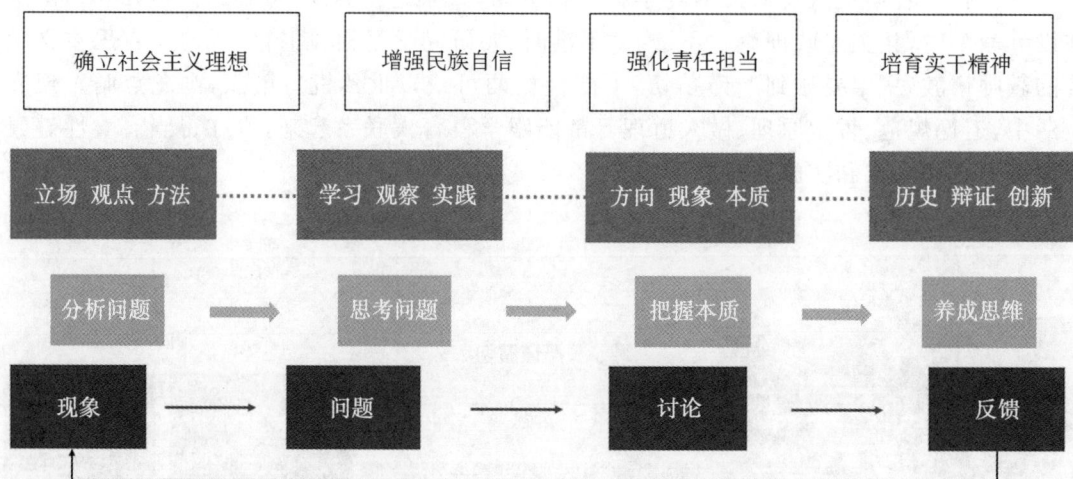

| 确立社会主义理想 | 增强民族自信 | 强化责任担当 | 培育实干精神 |

| 立场 观点 方法 | 学习 观察 实践 | 方向 现象 本质 | 历史 辩证 创新 |

| 分析问题 | 思考问题 | 把握本质 | 养成思维 |

| 现象 | 问题 | 讨论 | 反馈 |

教学内容概述、课程思政育人目标、教学方法见下表。

序号	教学内容概述	课程思政育人目标	教学方法
1	快乐孕期:你和孩子最亲密的那些事	国家免费产检项目可以及时发现胎儿异常情况或孕期疾病,提供早期干预和治疗,为孕妇和胎儿的健康保驾护航	讲授法、启发式、任务型教学法
2	宫颈健康:宫颈癌大排查,能防癌症的疫苗打不打?	宫颈健康不仅关乎个人健康,也关系到家庭和社会的和谐稳定。引导学生认识自己在维护宫颈健康方面的社会责任,积极参与宫颈疾病的预防和控制工作,为社会公共卫生事业做出贡献	讲授法、启发式、任务型教学法

（续表）

序号	教学内容概述	课程思政育人目标	教学方法
3	乳腺健康：女人需要呵护与关爱	全国妇联实施中央专项彩票公益金支持低收入妇女"两癌"救助项目，帮助更多"两癌"患病妇女缓解因病致贫、因病返贫压力，助力巩固拓展脱贫攻坚成果同乡村振兴有效衔接，助力乡村全面振兴	讲授法、启发式、任务型教学法
4	警惕不孕：为什么越来越多的人不孕？	"绿水青山就是金山银山"统筹经济发展与生态环境保护，践行社会主义核心价值观	讲授法、启发式、任务型教学法
5	产后护理：你知道月子怎么坐吗？	了解中国传统文化强大的生命力，增强学生文化自信	讲授法、启发式、任务型教学法
6	母乳喂养：坚持母乳喂养，给孩子最好的"口粮"	将母乳喂养知识传授与思政教育相结合，旨在培养学生的人文关怀、社会责任感以及无私奉献精神	讲授法、启发式、任务型教学法
7	科学避孕：选择正确避孕方法，创造和谐幸福生活	国家免费提供避孕药具，帮助学生树立珍爱生命观、健康性爱观	讲授法、启发式、任务型教学法

五、育人元素实施案例

项目	内容
案例名称	17 年磨一"苗"：国产宫颈癌疫苗研发之路
教学内容	宫颈健康：宫颈癌大排查，能防癌症的疫苗打不打？
思政元素	家国情怀、恪守规范、探索精神
案例描述	中国成为世界上第三个实现宫颈癌疫苗独立供应的国家。17 年、上万次实验、9989 名符合条件的女性志愿者、1600 多名研究人员和医务人员……2019 年 12 月下旬，国家药监局批准首个国产二价人乳头瘤病毒疫苗（大肠杆菌）（商品名：馨可宁）的上市注册申请。2020 年 5 月开始，预约接种在湖北、江苏等地展开，逐渐覆盖我国所有省份。 中国成为继美国和英国之后，世界上第三个实现宫颈癌疫苗独立供应的国家。从零开始，探索全新的技术路线，10 年 3 个阶段的随机试验、双盲试验，国产宫颈癌疫苗的诞生之路漫长而崎岖
实施方案	1. 课前发布预习内容及学习目标 2. 线上发布话题，讨论 HPV 疫苗型号及接种情况。教师团队参与其中，与学生进行讨论 3. 课堂翻转教学，学生通过查找资料，讲解有关 HPV 疫苗的研发、入市及接种情况，现场提问，进行讨论 4. 教师总结，结合我国新冠病毒疫苗研发及接种情况，提升思政教育效果

（续表）

项目	内容
案例意义	一"苗"难求→漫漫创新路→不止于物美价廉→宫颈癌疫苗的全球"战争" 2017年，英国制药公司葛兰素史克生产的二价宫颈癌疫苗首次在我国获批上市。2年后，美国默克公司的九价宫颈癌疫苗获批进入我国市场。然而，一直以来，我国大陆进口宫颈癌疫苗供应不足。 2019年12月下旬，馨可宁在中国获批上市。前后17年，1600多名研究人员和医务人员参与了首个国产宫颈癌疫苗的研制。 国产二价宫颈癌疫苗的设计产能可达每年3000万支，并且可以很容易地实现产能的大幅度提升。 2018年，世卫组织在其消除宫颈癌这一公共卫生问题的战略草案中，制定了到2030年，90%的15岁以下女童接种宫颈癌疫苗的目标。 我们可以非常自豪地说，基于大肠杆菌的疫苗产业技术体系在全球是独步的，全世界只有我们一家掌握了这一完整的产业技术体系。这是中国走上全球疫苗产业竞争的主战场，与世界最顶尖的同行去竞争的一个重要标志。这也是对这些年来投身于国家创新疫苗事业的广大科技和卫生工作者的肯定。——疫苗研究团队主要成员张军

六、特色与创新

1. 课程思政特色

本课程思政元素丰富，课程定位鲜明。女性健康课为科普型公共选修课程，所设计的7个专题育人元素紧密结合思政，坚持以立德树人为导向，全面推进课程思政教育教学改革，探索知识传播、能力培养与价值引领同频共振的有效途径，创新课程思政教育模式。

2. 教学改革创新点

（1）文化熏陶和实践养成相结合，显性教育和隐性教育相统一。本课程组团队成员文化底蕴深厚、政治素质过硬，在对学生进行春风化雨的文化熏陶的同时突出学生的实践养成，实现知识传授、能力培养和价值引领有机融合，努力使中华文化的思想理念、价值标准、审美风范转化为学生的精神追求和行为习惯。

（2）更新教学理念方法。在认知参与度视角下，以构建主义学习理论为指导，创建了"现象－问题－讨论－反馈"四环相扣的创新教学法，加强学生对女性健康现象和问题的分析，引导在校生思考生育问题、思考未来；同时，采用启发式与讨论式相结合的互动式教学模式，由学生自主开放地进行话题讨论，使学生在学习的同时，向"问题发掘"与"自主探索"两个方向延伸。讨论随时结合时事政治和社会热点，教师在网上讨论区就课程视频内容与学生发帖互动，满足学生课后拓展的需要。学生得到参与感、获得感和认同感，课程育人的针对性和有效性明显。

七、教学效果

于2020年10月启动女性健康课课程的筹备建设；2021年6月成功申报该课程为台

州学院的校级公共选修课,面向台州学院所有专业、所有年级的本科学生开放;2021 年 12 月,以"认知参与度视角下女性健康课教学模式构建与实践"为题成功申报台州学院课改项目 1 项;2022 年 4 月被认定为台州学院线上一流课程;2022 年 6 月积极申报浙江省线上一流课程。本课程建设发展情况如下图所示。

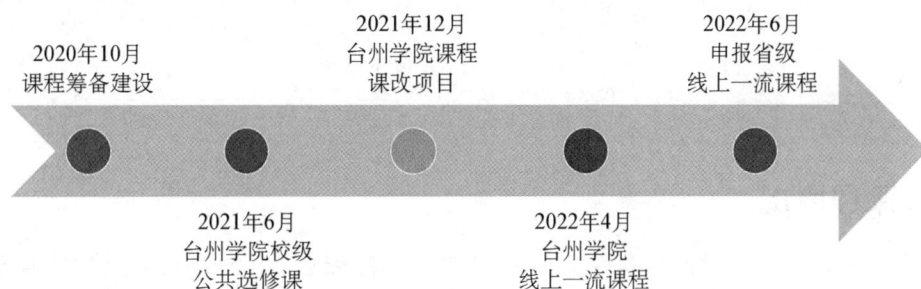

2020年10月	2021年6月	2021年12月	2022年4月	2022年6月
课程筹备建设	台州学院校级公共选修课	台州学院课程课改项目	台州学院线上一流课程	申报省级线上一流课程

学生对女性健康课思政元素设计及内容价值认可度高,有较高的学习积极性与兴趣,认为对自己的学业发展及人生有帮助,调查情况见下图。

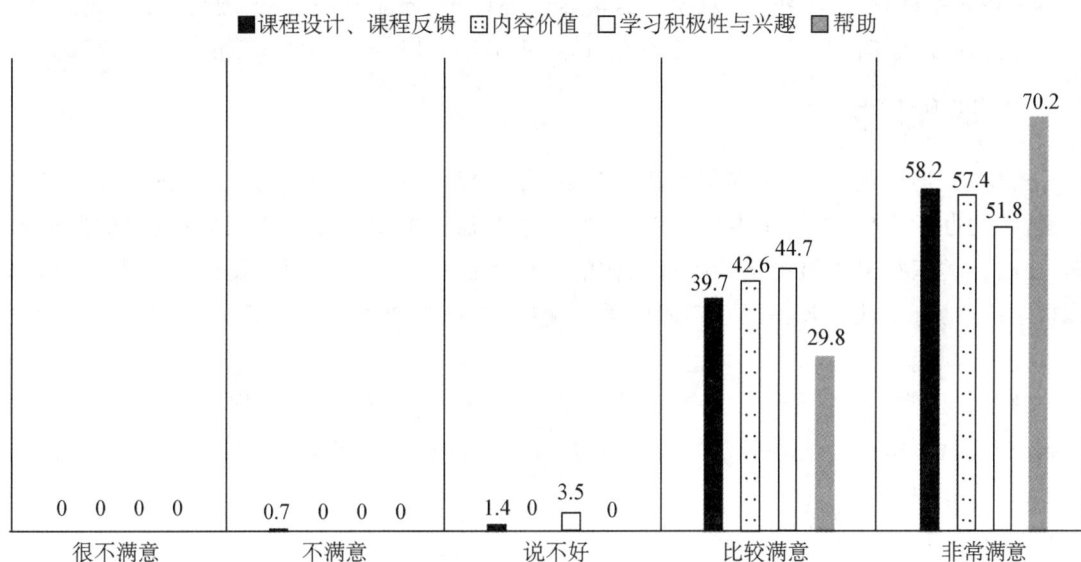

■课程设计、课程反馈 ⊡内容价值 □学习积极性与兴趣 ▨帮助

	很不满意	不满意	说不好	比较满意	非常满意
课程设计、课程反馈	0	0.7	1.4	39.7	58.2
内容价值	0	0	0	42.6	57.4
学习积极性与兴趣	0	0	3.5	44.7	51.8
帮助	0	0	0	29.8	70.2

(李翠萍)

第 **13** 章

儿科护理学

一、课程概况

儿科护理学是四年制护理学专业的一门专业必修课程,是研究儿童生长发育规律及其影响因素、儿童保健、疾病预防和护理,以促进儿童身心健康的一门专科护理学。本课程主要涉及儿科护理基本理论、基本知识和基本技能、各系统常见病和多发病的整体护理,研究对象自胎儿至青春期的儿童,他们和成人有不同的特征及护理需求。将大陈岛垦荒精神融入本课程中,凝练成"六模块",培养仁心仁术、德能兼修的"护理垦荒人"。

本课程 64 学时,3.5 学分,其中理论 46 学时,实验 18 学时,在大三第一学期开课。

二、课程目标

秉持"弘扬垦荒精神,培养护理新人"的指导思想,根据我校"应用性、地方性、综合性、高教性"的办学定位,以及本专业培养"具有基本的临床护理工作能力、具备良好的职业素养、面向各类医疗卫生机构从事护理工作的应用型护理人才"的目标,紧密结合专业特点,分析学情,结合本地对各类医疗资源的需求情况,设计本课程教学目标。

1. 知识目标

教育学生掌握本课程中儿科常见疾病的发生发展、临床表现、处理原则、整体护理和健康教育知识,掌握小儿生长发育、喂养及儿童保健相关知识,熟悉常见儿科护理操作技术。

2. 能力目标

教育学生运用所学的理论知识进行相应的护理评估、治疗和护理,并根据具体患儿进行综合分析和临床决策,解决临床实际问题。

3. 素质目标

培养学生敬畏生命,关怀生命,用爱心、耐心、细心和宽容去呵护患儿,培养学生科学、严谨、慎独、实事求是的道德情操,忠于职守,救死扶伤,为护理事业奋斗终生的信念。

4. 思政目标

培养学生的家国情怀,强化学生的"四个自信",帮助学生树立正确的世界观、人生观、价值观。培养学生团队协作、敬畏生命、合规守纪的职业素养,激发学生对护理专业的兴趣和感情。培养学生的爱伤爱幼观,教育其用心用情传递温暖,做仁心仁术、德能兼修的"护理垦荒人"。

三、思政元素

大陈岛垦荒精神(艰苦创业、奋发图强、无私奉献、开拓创新)与"红船精神"一脉相承,是中国革命、建设和发展中红色精神谱系的一个重要环节,是社会主义核心价值观的生动体现,是浙江精神的重要组成部分,也是台州的城市精神。新时期学习和弘扬垦荒精神,将垦荒精神"熔铸于内心,外化于行动",发挥其价值引领作用,为实现《"健康中国 2030"规划纲要》尽职尽责。思政元素主要凝练成以下 6 个模块。

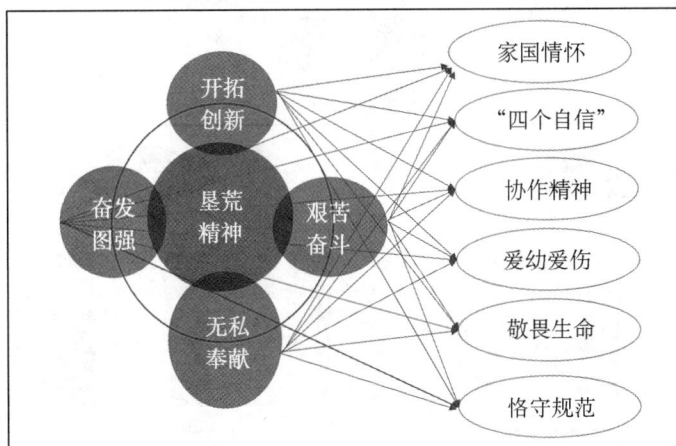

具体思政案例如下。

(1)前辈名人故事

向学生讲述缪茜茜等老一代垦荒人坚定的信念和勇于克服困难的意志,从中学刚毕业的学生到垦荒队的小队长、养兔场场长、垦荒队副大队长,再到后来的医务工作者。对比如今的优越条件,更能激励学生学习和弘扬垦荒精神,将开拓创新、艰苦奋斗、奋发图强根植于心,培养学生的家国情怀。介绍第 36 届南丁格尔奖获得者陆冰的先进事迹,学习其无私奉献精神,激发学生的职业自豪感,培养学生爱伤爱幼、敬畏生命的情怀。

(2)临床真实案例

通过正向案例"心衰患儿抢救成功"、反向案例"患儿误诊致病情加重"等的讲解,让学生学会思考,培养学生的协作精神及恪守规范等职业素养。

(3)医学探索发现

通过讲述新冠病毒疫苗、手足口病疫苗、脊髓灰质炎活疫苗等的自发研制的案例,培养学生的民族自豪感,增强"四个自信"。

(4)社会热点问题

通过讲述"假疫苗事件""毒奶粉事件""大头娃娃事件"等案例培养学生爱伤爱幼的素养,让学生树立正确的价值观,唤醒其强烈的社会责任感。

(5)课外实践活动

学生通过参加台州学院垦荒班学习、加入红十字会、加入各种志愿者协会、进社区、进幼儿园、进福利院等活动,接近实际,贴近生活,让垦荒精神融入学生的日常活动,培养学生的职业自豪感,教学生学会沟通交流,互相协作。让信仰之光、文明之光照亮每一个角落。

四、设计思路

1.实施路径

执行"全员、全方位、全过程"育人策略,通过"多队伍、多途径"路径,做到将思政元素润物细无声地融入教学全过程。

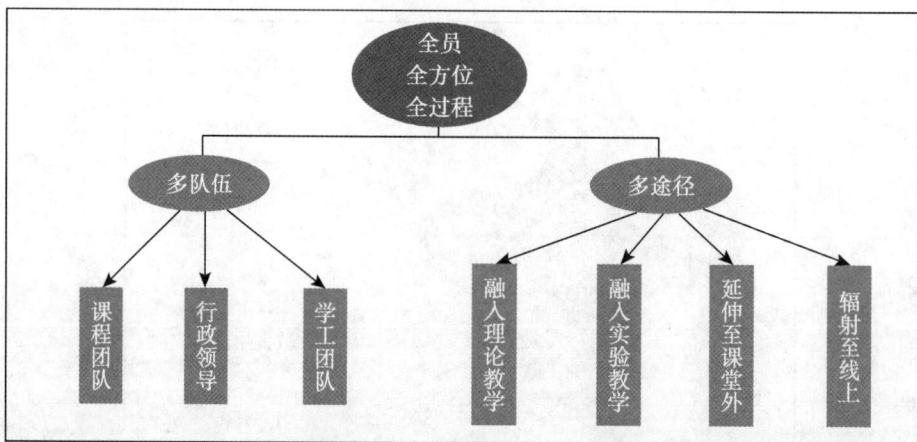

(1)多队伍。积极响应学校、医学院的号召,教学团队与学院行政领导、学工团队等全员参与,组建课程思政研究中心,共同讨论,开展课程思政教育。

(2)多途径。思政教育融入理论课堂;思政教育融入实验教学;思政教育延伸至课堂外;思政教育辐射至线上;进行全方位、全过程育人。

2.课程思政具体内容

序号	教学内容	课程思政元素	思政载体	教学方法
1	绪论	培养家国情怀,提高职业荣誉感	抗疫中的"护士妈妈"先进事迹;最小新冠患儿"小石榴"的故事	案例分析＋小组讨论＋讲授
2	儿童生长发育	提升"四个自信",培养爱伤爱幼素养	不同年代生长发育指标的改变;《"健康中国2030"规划纲要》;电影《啊!摇篮》	举例分析＋观看视频＋讨论＋讲授
3	计划免疫	提升"四个自信",树立民族自豪感和荣誉感	新冠病毒疫苗的自主研发;糖丸减毒活疫苗的研制;手足口病疫苗的自主研发	举例分析＋讨论＋讲授
4	小儿用药及液体疗法	培养恪守规范及爱伤爱幼素养	"儿童输液失误"反向案例;《中国儿童发展纲要》	举例分析＋讨论＋讲授
5	急诊患儿的护理	培养团队协作精神及恪守规范素养	小儿急诊医患纠纷事件;高热惊厥患儿抢救案例	情景模拟＋角色互演＋讨论＋讲授

（续表）

序号	教学内容	课程思政元素	思政载体	教学方法
6	内分泌疾病患儿的护理	树立科研意识，培养敬畏生命及爱伤爱幼素养	教师研究成果和前沿知识；一个先天性甲状腺功能减退症宝宝的故事；先天性疾病的常规筛查	举例分析＋讨论＋讲授
7	营养性疾病的护理	培养家国情怀，树立正确的人生观、价值观	"小萝卜头"宋振中烈士英雄事迹；"小胖墩"大头娃娃事件；毒奶粉事件等	举例分析＋讨论＋讲授
8	循环系统疾病的护理	培养团队协作精神及敬畏生命素养，培养新时期垦荒人	真实案例"生死时速 2 小时，成功救治心搏骤停患儿"；"心希望"慈善公益项目；先天性心脏病患儿的艰难求医路	情景模拟＋举例分析＋讨论＋讲授
9	新生儿疾病的护理	强化"四个自信"，培养爱伤爱幼素养，树立正确价值观	婴幼儿及孕产妇死亡率逐年下降；林巧稚的故事；福利院门口的弃婴故事等	举例分析＋讨论＋讲授

五、育人元素实施案例

项目	内容
教学内容	小儿头皮静脉输液技术
思政元素	恪守规范、爱幼爱伤、协作精神
案例描述	患儿，女，11 个月，因发热、咳嗽、腹泻 2 天入院。体格检查：T 38℃，P 120 bpm，R 35 bpm，BP 80/50 mmHg，体重 6 kg，身长 70 cm。急性病容，精神萎靡，皮肤无黄染，未见皮疹，皮肤弹性差，心率 120 bpm，律齐，肺（－），腹稍胀，肝肋下 1 cm，肠鸣音存在。眼窝明显凹陷，哭时无泪。臀部皮肤潮红。如何选择给药途径？
案例实施方案	课前预习 → 课程导入 → 教师示教 → 课堂互动 → 教师总结 → 课后练习 1. 课前预习。观看小儿头皮静脉输液视频，测试学生预习情况，了解学生学习态度 2. 课程导入。以临床案例（就重度腹泻患儿如何选择给药途径展开讨论）导入新课，培养学生的临床思维能力 3. 教师示教。讲解小儿头皮静脉输液的目的、步骤、注意事项 4. 课堂互动。学生先情景模拟，提升团队协作精神；再分组练习，在练习的过程中爱护模型并积极与模型交流，用实际行动关心爱护患儿，树立爱伤爱幼观念。教师进行巡视指导：个别现象，一对一指导；普遍现象，集中讲解；操作过程要恪守规范 5. 教师总结。重点强调操作恪守规范，培养严谨求真的职业素养 6. 课后练习。复习巩固，查漏补缺

（续表）

项目	内容
案例实施方案	 情景模拟　　　　学生练习
案例意义	"腹泻"这一案例在"小儿头皮静脉输液技术"这一节引用,具备以下几个意义:①11 个月的孩子,不会交流,培养学生认真细致、严谨求真的工作态度。②培养爱伤爱幼,用心用情传递温暖,做"有温度、有情怀"的"护理垦荒人"。③案例情景模拟,培养团队协作精神。④通过给药途径的讨论,培养学生的临床思维能力。⑤操作过程要恪守规范。⑥通过了解给药途径的时代变革,树立学生终身学习和创新的意识
案例反思	1. 课程思政案例需润物细无声地融入教学内容,切忌生搬硬套,本案例教学学生总体满意度高 2. 讨论、情景模拟等活动为学生提供了更广阔的展现平台,挖掘出其优势品质,提升其个人思政素养和个人医学人文素养,激发其学习兴趣和求知欲 3. 通过教学完成本次课的知识和能力教学目标,把协作精神、恪守规范、严谨求真的职业素养,关心爱护患儿、爱伤爱幼观念等融入专业知识点中,完成培养新时代"垦荒人"的思政教学目标
延伸拓展	查阅资料,了解静脉用药途径的变革(一次性静脉针－留置针－中心静脉－PICC－输液港),树立终身学习和创新的意识

六、特色与创新

秉持弘扬垦荒精神、培养护理新人的指导思想,确定思政目标,挖掘思政元素,优化教学方法,将课程思政贯穿教学各环节,并重视结果评价和形成性评价。培养学生的家国情怀,强化学生的"四个自信",树立其正确的世界观、人生观、价值观。培养团队协作、敬畏生命、合规守纪的职业素养,使学生对护理专业充满兴趣和感情。培养学生的爱伤爱幼观,用心用情传递温暖,做仁心仁术、德能兼修的护理垦荒人。其创新点体现在 3 个方面。

（1）融入方式多途径。思政教育融入理论课堂,思政教育融入实验教学,思政教育延伸至课堂外,思政教育辐射至线上等,努力培养新时代垦荒人。

（2）注重知识、能力、素质培养的有机结合。课前线上学习及讨论,加大学习投入,科学"增负",让学生"跳一跳才够得着",并将大陈岛垦荒精神根植于教学全过程,形成全过程、全方位育人格局,彰显了学习的创新性和高阶性。

（3）采用"结果评价和形成性评价相结合、线上线下相结合"的全程评价模式。对学生进行专业知识考核的同时,融入能力和垦荒精神内在价值的考核。如讲述特定的临床案例,请学生思考应该采取哪些措施,考核其综合分析和判断能力;让学生讨论对不良事件的处理,考核学生的综合素质和职业素养。最终实现知识传授和价值引领相统一、教书与育人相统一的目标。

七、教学效果

（1）得到了学生的认可。对本课程的教学,学生整体评价优秀:"老师认真负责,与学生有互动""课程使我对小儿有了更多的认识""十分认可""挺好"等。

学生评语	■ ×
序号	评语
1	老师设置的课前考试能够激励学生自主进行课前预习,建议同时设置课后考试,这样能够使学生课堂上认真听讲
2	老师认真负责,与学生有互动。
3	课程使我对小儿有了更多的认识。
4	十分认可
5	生动有趣
6	还好
7	挺好

共1页　15　　　　　　　　　　　　　　　　　1 - 7　共7条

关闭

（2）得到了同行和专家的认可。

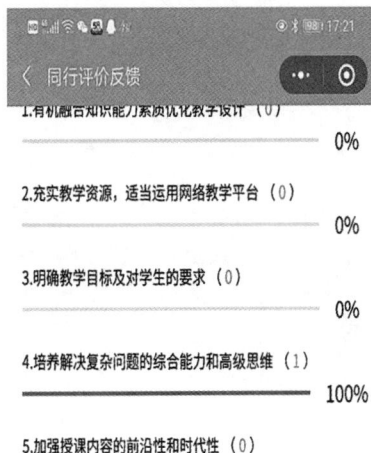

同行评价反馈

1.有机融合知识能力素质优化教学设计（0）　　　0%

2.充实教学资源,适当运用网络教学平台（0）　　　0%

3.明确教学目标及对学生的要求（0）　　　0%

4.培养解决复杂问题的综合能力和高级思维（1）　　　100%

5.加强授课内容的前沿性和时代性（0）

6.教学形式要呈现先进性和互动性　（0）　　　0%

7.适当体现学生学习的探究性和个性化（0）　　　0%

8.合理设置学习任务的难度　（0）　　　0%

同行留言

林君红　　☆
能够结合临床实际案例进行引导,能培养学生临床综合思维能力,还能提升学生学习兴趣和自主学习能力!

（3）得到了社会的认可。学生执业护士考试通过率99％以上;在各类社会实践及毕业实习中,学生受到社会、医院、患者及家属的喜爱。

（4）得到了用人单位的认可。学生受用人单位的喜爱,近3年护理就业率始终保持在94％以上。

台州学院医学院就业统计表				
专业	护理学			
就业率	毕业生数	就业率	签约率	升学
2018 年	198	97.50％	87.90％	0.15％
2019 年	205	98.00％	93.70％	0.29％
2020 年	181	94.50％	90.00％	0.50％

(5)课程起到了引领示范作用。本课程被评为 2022 年浙江省线上线下一流课程，2021 年校级课程思政示范课；获 2021 年校级"互联网＋教学"优秀案例一等奖；获 2021 年校级课程思政优秀案例三等奖；被评为 2020 年校级线上线下一流课程。

（林君红）

第**14**章

积极心理学——人格与成长

一、课程概况

积极心理学——人格与成长是我校一门素质教育类公选基础课程,它不仅承担着培养科技人才的心理学素养和职业能力的重任,而且对优化大学生心理素质结构和挖掘心理优势潜力,开启乐学乐活的人生有着重大意义。本课程以积极心理、美好人生、共筑人类幸福为指导主题,围绕"如何获得持续幸福力、探索人格健康成长、积极实践达成美好人生"来帮助学生构筑更为强大的心理防线,提升幸福力,活出更为美好的人生,从而达成乐学乐活的课程目标。

本课程32学时,2学分,为学校审美体验和身心修养模块的通识课,每个学期均开课,全校各个专业和年级的大学生均可选课。自2017年开始开设线下课程,广受学生的欢迎,应学生建议,希望能开发出让更多人受益的网课,2019年秋,在浙江省高等学校在线开放课程共享平台开设网课,收到很好的评价。2020年春,新冠疫情暴发时期与近5000名学生线上守助,共筑家国情怀,共抗疫情,深受学生好评。2021年,本课程被评定为浙江省线上一流本科课程。

二、课程目标

本课程是省级认定一流线上课程,对标高校人才培养中立德树人的要求,帮助学生树立正确的世界观、人生观、价值观。在教学中始终渗透与十九大精神一致的愿景(努力达成人民美好生活),逐步让学生学会探索自我,通过理论紧密联系实践的实施路径,悦纳别人,完善人格,发挥品格优势,共同构建积极组织。依据我校"应用性、地方性、综合性、高教性"的办学定位,结合新时期的学生的知识结构,设定三位一体协同发展的教学目标。

1. 知识目标

掌握积极心理学的基本理论知识,1个中心(幸福)、5种元素(情绪值、投入或关注、生命的意义、成就感、人际关系)、3个基本点(积极情绪、积极人格、积极组织)所涵盖的基本知识,能够将这些运用到自身人格的探索和健康成长方面。

2. 能力目标

通过三件好事(积极情绪的提升)、感恩拜访、欣赏式探询、习得性乐观、解释风格等的训练,具备将人格探索和自我成长、心理防线建设的技能用于自身个体对幸福的探索并做到积极传播。

3. 素质目标

树立提升积极情绪、铸就积极人格、共筑积极组织的正确人生观、能够提炼积极心理、美好人生等正确的价值观,实践和传播积极心理,为努力达成人民美好生活的愿景共同努力。

三、思政元素

(一)课程的思政融入元素

教师提升思政教育意识,主动推行思政教育;教师挖掘思政元素,加强对思政教育的探索;教师改进教学方法与课堂形式,提高课程思政的教学效果;教师引导学生转变学习观,积极融入课堂。

(二)课程的思政育人元素

首先,积极心理学主要研究的问题是积极心理现象与心理规律,蕴含了丰富的思政元素。其次,课程的目标是让学生具有良好的心理素质与健康人格,掌握心理学的科学思维方法。这些目标与思想政治教育的立德树人目标在本质上是相似的,二者结合可以促进立德树人目标的实现。最后,积极心理学课程内容与思想政治教育相结合,可以加强对学生的道德教育,使学生树立正确的世界观、人生观、价值观,促进学生人格的发展,有助于实现达成人民美好生活的愿景。

(三)具体的思政案例举例

课程思政案例必须与本课程密切相关,案例需迭代更新。本课程部分课程思政案例呈现如下。

1. 心流是心理学的最佳体验

早在 2000 多年前,《庄子》里就有篇寓言提到了这种体验。"庖丁为文惠君解牛,手之所触,肩之所倚,足之所履,膝之所踦,砉然向然,奏刀騞然,莫不中音。合于《桑林》之舞,乃中《经首》之会。"

庖丁解牛时手、肩、脚、膝盖配合动作,就好像随着音乐节拍在舞蹈一样,整个过程让人觉得妙不可言,而解牛人庖丁显然是悠然自得、心满意足、目中无牛。

案例所属教学内容:构建积极心理学大厦的五要素之一——投入或专注,心流的体验。

2. 挖掘潜力,发挥品格优势

"蚊帐大使"凯瑟琳年仅 7 岁,却救了非洲 2 万名儿童。

案例所属教学内容:构建积极心理学大厦的基石——品格优势。

3. 生命的意义疗法

著名心理学家维克多·弗兰克尔是 20 世纪的一个奇迹。1942 年,作为犹太人,他被纳粹关进了奥斯威辛集中营,弗兰克尔经受了炼狱般的痛苦,开创了意义疗法,替人们找到绝处再生的意义。

案例所属教学内容:构建积极心理学大厦的五要素之一——生命的意义。

四、设计思路

1. 课程教学中的切入点和实施路径

十九大：达成人民美好生活的愿景	思政元素渗入课程模块	·模块一：积极自我 ·模块二：积极人格 ·模块三：积极组织
	思政呈现方式多样设计多元	·视频、图片等辅助工具 ·信息资料游戏化整合 ·量表测评、文字推送等
	思政实现理论与实践兼顾讨论与分享并行	·结合理论提出思辨点，多种形式开展线上讨论和分享 ·三件好事、感恩拜访、优势充电等实践培养积极情绪、感恩的人文情怀

2. 课程思政具体内容、目标及教学方法

序号	教学内容概述	课程思政育人目标	教学方法
1	积极心理学概述	中华优秀传统文化教育：弘扬性善论	案例教学
2	认识基本情绪 管理消极情绪 提升积极情绪	培育乐观、感恩的积极情绪	工作坊、情景教学
3	成就感和人生意义	培育正确的世界观、人生观、价值观	工作坊、情景教学
4	我是谁，谁是我，认识自我	探索人格，健康成长	案例教学、情景教学、心理测量
5	画树识心，探索自我	感受心理学的趣味性，培育兴趣和好奇心	绘画实践、情景教学
6	品格优势	挖掘性格潜力，培育"四有"新人	心理剧、情景教学、心理测量
7	习得性乐观	启发辩证思维，培育弹性乐观精神	情景教学、心理测量
8	亲密关系：爱情	践行社会主义核心价值观中的和谐、自由	案例教学、情景教学

五、育人元素实施案例

项目	内容
案例名称	知道又做到,情绪主人就是你
案例所属教学内容	获得持续幸福力五要素之一——积极情绪
思政元素	培育乐观、感恩的积极情绪
案例描述	1. 多关注好事(三件好事练习) 有些时候我们需要分析坏事,以便从中吸取教训。然而,人们去想生活中的坏事的时间,经常多得没必要。对坏事的过度关注常常会加剧我们的焦虑和抑郁。避免这种情况的一个办法,就是更多地去关注、去品味那些生活中的好事。积极心理学之父马丁·塞利格曼和他的团队进行的有关三件好事的研究提供了很好的实践经验。 2005 年 1 月,三件好事练习产生了最为惊人的结果。《时代周刊》刊登了关于积极心理学的封面故事,塞利格曼和团队成员预期随后会有洪水般涌来的请求,于是开设了一个网站,提供一项免费的练习——寻找好事。成千上万的人在网站上注册。塞利格曼最感兴趣的是抑郁程度最严重的那 50 个人。他们登录网站,做了抑郁和幸福的测试,然后做了寻找好事的练习。这 50 个人的抑郁得分平均为 34 分,显示他们已经属于重度抑郁了,可能勉强才起了床,上网做这个测试,然后又回到床上。他们每个人都做了寻找好事的练习,一周内每天记录三件好事,然后汇报到网上。结果,他们的平均抑郁得分从 34 分陡降到 17 分,抑郁程度从重度降到轻-中度之间,他们的幸福得分从最低的 15% 跳到了 50%。这 50 个人中,有 47 个人现在变得更少抑郁、更加幸福了。 积极实践:三件好事练习 每晚睡觉前花 10 分钟写下:①今天的三件好事;②它们发生的原因;③对你的启发。你可以用笔记本或电脑来写,这些记录很重要。一开始或许有些别扭,你可以只记下第一步,然后逐渐增加至第二、第三步。但是请一定坚持一周,当然 21 天或更长时间会让你更少忧郁、更多幸福,并逐渐喜欢上这个练习。 2. 实践感恩 感恩可以让你的生活更幸福、更满足。在感恩的时候,我们对人生中好事的美好回忆能让我们身心获益。同时,表达感激之情也会加深我们与别人之间的关系。不过,我们有时说"谢谢"说得很随意,使得感谢几乎变得毫无意义。在下面介绍的感恩拜访练习中,你可以用一种周到、明确的方式,体验如何表达你的感激之情。 积极实践:感恩拜访练习 闭上眼睛,想出一个依然健在的人,他多年前的言行曾让你的人生变得更美好。你从来没有充分地感谢过他,但接下来你就会安排去见他,想到谁了吗? 你的任务是给这个人写一封感恩信,并亲自递送给他。这封信的内容要具体,大约有 300～400 字。在信中,你要明确地回顾:①他为你做过的事;②这件事如何影响到你的人生;③让他知道你的现状,并提到你是如何经常想到他的言行的。

（续表）

项目	内容
案例描述	写完这封信后,打电话给这个人,告诉他你想拜访他,但是不要告诉他这次见面的目的。当一切都在意料之外时,这个练习会格外奏效。见到他后,慢慢地念你的信,并注意他和你自己的反应。如果在你念的过程中他打断了你,那就告诉他,你真的希望他先听你念完。在你念完这封信后,你们可以讨论信的内容,并交流彼此的感受
案例实施方案	1. 课前发布学习信息及学习目标 2. 在超星学习通平台上传相关视频和自拍视频《三件好事》《感恩拜访》供学生观看 3. 在平台讨论区围绕视频内容展开讨论,引导学生分享感恩拜访的体验 4. 实践区要求学生完成三件好事、感恩拜访的实践作业并在平台分享 5. 课后布置作业、测验以检测学习效果 6. 布置拓展、延伸阅读内容,积极、消极情绪测量等任务,教师批阅点评
案例意义	情绪是进化的产物。情绪在以前帮助人类生存,现在则成了生物特性的固定要素。因此,情绪被认为是人类固有的动物本性的一部分,我们如果无法用理性思维控制情绪,就会做傻事,甚至产生暴力行为。因此认识基本情绪、管理消极情绪、提升积极情绪这 3 个方面对人们的美好生活尤为重要,尤其在新冠疫情肆虐的非常时期,每个人都需要学习减少消极情绪,提升积极情绪,努力成为情绪的主人
案例反思	1. 课程思政案例讨论与教学内容的密切联系,本案例教学学生总体满意度高 2. 讨论、实践等活动为学生提供了更广阔的展现平台,不仅让学生认识了自己的基本情绪,学会管理消极情绪,还教会学生提升积极情绪的方法,培育学生乐观、感恩的积极情绪
案例资源列表	https://www.icourse163.org/learn/TZXY-1461445162? tid = 1472186449 ♯/learn/content?type=detail&id=1257858016&cid=1291872025(提升积极情绪,情绪主人就是你) https://v.qq.com/x/cover/f6gpun5grkwl8or/j0825ie8tr5.html(人文清华＋彭凯平:求解幸福)
延伸阅读与思考	延伸阅读: 1. 芭芭拉·弗雷德里克森.积极情绪的力量[M].王珺,译.北京:中国纺织出版社有限公司,2021. 积极情绪会扩展我们的思维和视野,为我们带来健康,让我们更加坚韧,并抑制无端的消极情绪。要想获得完满的人生,需要借助积极情绪的力量。那么,怎么才能培养并利用自己的积极情绪呢? 作为积极心理学领军人,芭芭拉在书中呈现了积极心理学领域具有开创性和颠覆性的研究成果,将积极心理学的研究提升到了一个新高度,并且集结了她对积极情绪的应用研究,比如"扩展和建构理论"指出积极情绪对提升人们创造力的巨大意义,"最佳情绪配比"指出积极情绪与消极情绪的平衡状态。 2. 塞利格曼.持续的幸福[M].赵昱鲲,译.杭州:浙江人民出版社,2012. 作者马丁·塞利格曼是"积极心理学之父",书中描述了他不再关注传统心理学注重的"如何减轻人们的痛苦",而专注于如何建立人们的幸福感,并让幸福感持续下去。同时具体阐释了构建幸福的具体方法。他提出,实现幸福人生应具有 5 个元素(PERMA),即要有积极的情绪(positive emotion)、要投入(engagement)、要有良好的人际关系(relationships)、做的事要有意义和目的(meaning and purpose)、要有成就感(accomplishment)。PERMA 不仅能帮助人们笑得更多,让人感到更满意、满足,还能带来更好的生产力、更多的健康,以及一个和平的世界。 课后思考:管理消极情绪对生活的影响

六、特色与创新

(一)始终坚持立德树人、乐学乐活、美好生活愿景的课程思政目标导向

始终围绕"如何获得持续幸福力、探索人格健康成长、积极实践达成美好人生"来帮助学生构筑更为强大的心理防线,提升幸福力,活出更为美好的积极人生。在教学中始终渗透与十九大精神一致的愿景(努力达成人民美好生活),逐步让学生学会探索自我,通过理论紧密联系实践的实施路径,悦纳别人,完善人格,发挥品格优势,共同构建积极组织。

(二)体现"理论结合实践,拓展引领深度"分层次递进的思政教学理念

课程以 OBE 为教育导向,结合"两性一度"的原则,采用"理论结合实践,拓展引领深度"的循序渐进式教学层次(见下图),每个章节均设置了富有特色的实践和拓展学习——深度学习环节;充分利用平台公告栏目,做到章通知、章总结,及时总结学生的共性讨论题并分享在公告栏;融合学生感兴趣的短视频,利用勤讨论、重分享、多趣味性实践的"互联网+"教育技术,突出培养学生掌握积极心理学理论并开展积极实践和传播的能力,有效挖掘学生的品格优势潜力,提升积极心理,开启美好人生,共建幸福社会。

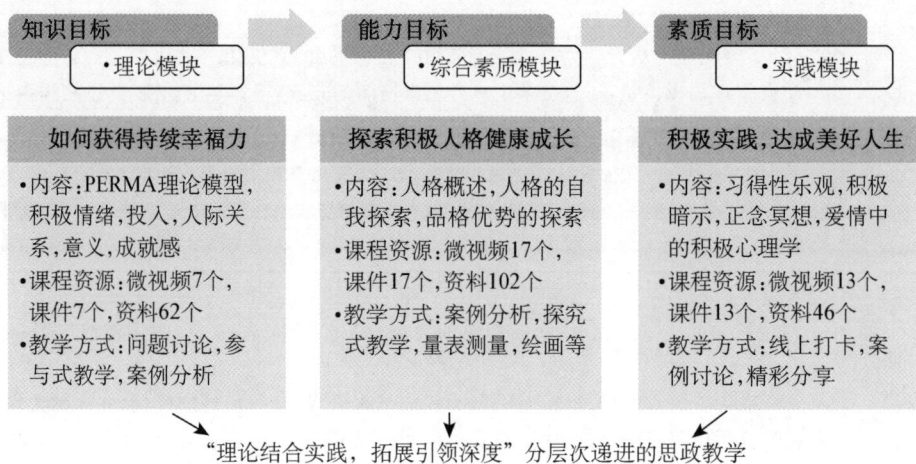

知识目标	能力目标	素质目标
·理论模块	·综合素质模块	·实践模块
如何获得持续幸福力	**探索积极人格健康成长**	**积极实践,达成美好人生**
·内容:PERMA理论模型,积极情绪,投入,人际关系,意义,成就感 ·课程资源:微视频7个,课件7个,资料62个 ·教学方式:问题讨论,参与式教学,案例分析	·内容:人格概述,人格的自我探索,品格优势的探索 ·课程资源:微视频17个,课件17个,资料102个 ·教学方式:案例分析,探究式教学,量表测量,绘画等	·内容:习得性乐观,积极暗示,正念冥想,爱情中的积极心理学 ·课程资源:微视频13个,课件13个,资料46个 ·教学方式:线上打卡,案例讨论,精彩分享

"理论结合实践,拓展引领深度"分层次递进的思政教学

七、教学效果

(一)课程运行情况

课程运行以来,面向本校开设线上和线上线下混合式通识课,学生评教优秀。其他高校及社会人员参加学习人数每期递增,已达 3 万多人,校际互选高校数 6 所(温州大学、温州医科大学、宁波工程学院、丽水学院、中国海洋大学、绍兴文理学院)。课程运行情况如下。

1. 中国大学 MOOC(慕课)

SPOC 运行 2 期,MOOC 运行 5 期,参加人数近 2 万人,校际互选高校 3 所(台州学院、丽水学院、宁波工程学院),参加高校和单位约 50 个,学生参加讨论、实践互动频繁,教学效果良好。

2. 学银在线

运行 7 期,参加人数共 3000 多人,参加高校和单位约 50 个,累计互动 7200 多次,浏览量达 507 799 人次。课程深受学生欢迎,反响强烈。

3. 浙江省高等学校在线开放课程共享平台

运行 5 期,参加人数共 9000 多人,校际互选高校 7 所,其他参加高校和单位 249 个,累计互动 108 179 次,浏览量达 3 180 403 人次。2020 年春季与近 5000 名学生线上守助,共抗疫情,深受学生好评。

4. 社会推送范围广阔

为部队、政府等开展了 40 多场讲座,学习者达 2 万多人次,深受欢迎。

(二)学习效果评价

1. 同行专家评价

课程立足于与党的精神完全符合的实现人民对美好生活向往的思想情怀,着眼于通识的视野理念,依托于学术的开掘推进,理论与实践并进,内涵精要深刻,讲述清晰生动,课时长短适宜,信息丰富饱满,数字化技术先进,在社会推广中也产生了良好的效果。主讲者专业底蕴厚实,配套的新形态教材也已经在编写中,慕课制作精美,作为线上精品课程,成熟度较高。

2. 学生评价

该课程"精心设计各环节,作业布置巧妙""课程内容丰富,富有感染力,很优秀""让我懂得乐学乐活的道理"。其中一名学生评价道:"课程帮助我们形成良好的心理品质和行为模式,帮助我们探索自我、了解自己,帮助我们发挥长处,使我们变得更加快乐和自信。这是一门非常有益处的学科,老师讲得深入浅出,结合案例,紧密联系实践,及时反馈,条理分明。我们收获的不仅是知识,更是一生受用的宝典。老师的教学方法、教学理念非常好。"

3. 自我评价

教学中不断深挖课程思政元素,不断实践迭代。本课程在 2020 年获校"互联网＋"教学优秀案例一等奖,浙江省"互联网＋"教学优秀案例二等奖;2021 年被评定为浙江省线上一流本科课程。联合学生共同开发健心 keep 小程序,有效应用于课程教学中的实践环节,其中"健心 keep 小程序在护理大学生成长中的开发与应用"获教育部产学研合作协同项目 2021 年度立项。指导完成以"大学生自我效能感和主观幸福感的影响因素研究"为题的国家级大学生创新创业相关课题 2 项。

（黄　芳）

第 15 章

医学史话

一、课程概况

医学史话是一门综合了医学、历史、哲学及社会学等多学科的人文类通识选修课,展示人类医学从利用巫术到基因编辑的发展历程、社会背景及影响。本课程结合当前社会热点,在普及医学常识、历史知识的同时,引导学生运用辩证历史唯物主义思想分析问题,以史为鉴,理性地看待社会背景和医学发展的历史与现实,树立正确的三观,培育家国情怀、科学精神、创新思维和社会主义核心价值观,达到学史明理、学史增信、学史崇德和学史力行之育人功效。

本课程 32 学时,2 学分,2019 年获批为浙江省线上线下一流本科课程。

二、课程目标

根据我校"应用性、地方性、综合性、高教性"的办学定位,针对当前学生普遍存在的知识结构不合理、重专业、轻人文的现状和通识课的特点,制定知识、能力、素质三位一体协同发展的教学目标。

1. 知识目标

引导学生理清医学发展的历史进程;分析医学对社会经济、科技、文化的影响和互动关系;向学生普及医学知识,使其具备健康素养。

2. 能力目标

教学生剖析医学重大事件的历史史实及其对当下的启发,使其具备整合知识的能力;让学生学会合作、分享与表达,养成实践反思的习惯。

3. 价值目标

(1)用历史事件结合社会热点,探讨医学发展历程和价值困境,明确医学的社会使命和责任担当,将个人价值、职业价值和社会主义核心价值观有机统一,教育学生树立正确的人生观、价值观和辩证唯物史观。

(2)通过剖析历代医学家的杰出贡献和人生经历,厚植家国情怀,以古鉴今,通过反思、讨论,培养学生深度分析、大胆质疑、勇于创新的科学精神和人文情怀。

(3)带领学生学习历代医药名家严谨、求真、仁爱、奉献的品质,使其端正学习态度,具有高度的责任心、良好的职业道德、严谨的工作作风和无私奉献的职业精神,提升学生医德修养。

三、思政元素

1. 本课程思政元素以社会主义核心价值观为引领,主要包括 6 个方面

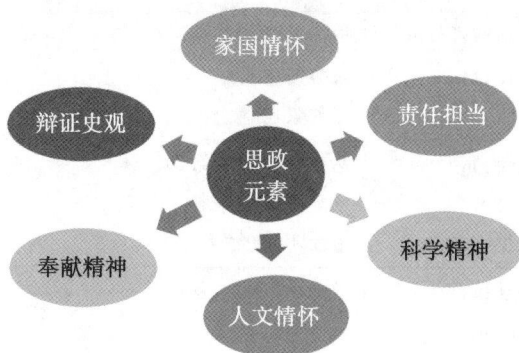

2. 具体思政案例

(1)历史事件。历史是最好的教科书,利用古代东西方医学比较、汉医对周边国家的影响、欧洲的黑死病医生、殖民时代与印第安人的命运、清末的鼠疫与伍连德临危受命等历史事件结合社会热点,培养学生的家国情怀、文化自信与责任担当。

(2)名人效应。挑战宗教传统的"解剖学之父"维萨里、遭遇火刑的塞尔维特、生命不息的"大体老师"、终身未婚的"万婴之母"林巧稚、亲历前线的南丁格尔、"逆行"疫区的希波克拉底与钟南山等,古往今来,一代代医学家为了追求真理,不断开拓创新,甚至不惜牺牲生命。本课程引导学生学习效仿前辈,将医学精神代代传承,以培养学生献身医学、无私奉献和求真务实的科学精神。

(3)社会热点。新冠病毒疫苗的乱象与真相、超级细菌与合理用药、西医东渐与中西医之争、中西医联合抗疫、医患关系与医学发展、自体实验等,以此提高学生的思辨能力,培养学生敬畏生命、关爱患者、严谨务实的职业精神和医德修养。

四、设计思路

1. 设计思路

通过确定思政育人目标、构建思政教育知识体系、挖掘思政育人元素、融入思政教育载体、开展思政教学活动和进行思政教学评价六步走的方式进行顶层设计,环环相扣,把"德医相融"理念贯穿于教学全程。

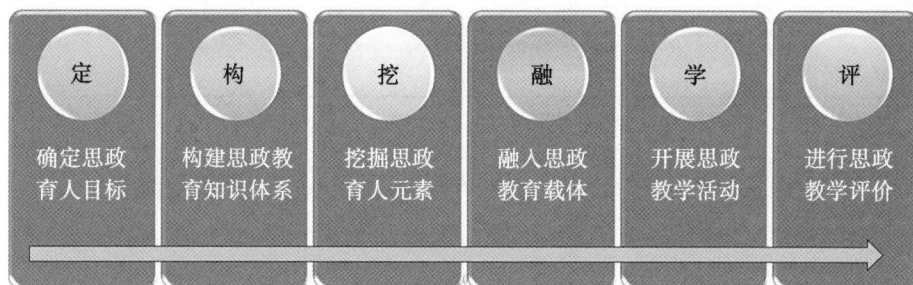

2．思政教学内容、目标及教学方法

将思政元素融入教学内容，开展德医相融的思政一体化教学。

序号	教学内容概述	思政元素	思政载体	教学方法
1	古代医学	家国情怀 文化自信	祖国医学的辉煌时代 人痘与牛痘 张仲景与盖仑	在线讨论 个性化作业
2	解剖惊魂	创新精神 献身医学 敬畏生命	达·芬奇秘密解剖尸体 维萨里挑战宗教 生命不息的"大体老师"	参观人体科学馆 专题研讨、汇报
3	血液密码	科学精神 奉献精神	遭遇火刑的塞尔维特 哈维解剖亡父 放血与输血的转变 献血英雄杨建民	案例教学 分组讨论
4	无声的较量	科学精神 奉献精神 职业素养 辩证思维 医德修养	黑死病医生 青霉素的发现与国产化 屠呦呦的诺贝尔奖之路 超级细菌 巴斯德与狂犬病疫苗 医者的"逆行"——从希波克拉底到钟南山 新冠病毒疫苗乱象与真相	在线讨论 专题汇报
5	手术传奇	创新精神 感恩奉献 敬畏生命	古代巫术与华佗为曹操做开颅手术 "三无"手术 麻醉历史 错发的诺贝尔奖 突破心脑手术禁区 5G与远程机器人手术	案例教学 分组讨论
6	一路有爱	人文情怀 辩证思维 文化自信 职业素养	南丁格尔的事迹 亨利·杜楠与红十字运动的兴起 做自体实验的医生 为医学献身的患者 西医东渐与百年协和 中西医之争 健康中国	反思、研讨 个性化作业

五、育人元素实施案例

项目	内容
案例名称	解剖惊魂
案例所属教学内容	解剖学发展史
思政元素	科学精神、严谨创新、奉献精神、职业修养
案例描述	恩格斯曾说过："没有解剖学就没有医学。" 解剖学是在漫长的历史进程中，经过人类的不断探索、实践、积累而发展起来的。西方解剖学最早在古罗马医生盖仑的《医经》中记载相对完整，但多为解剖动物而得。由于欧洲的宗教统治者禁止解剖人体，所以其后的 1000 多年中，人体始终是个"黑匣子"。 欧洲文艺复兴时期，意大利著名画家达·芬奇曾秘密解剖 30 具尸体并手绘了大量的解剖学图谱，但并未受到医学界的关注。 比利时医生安德烈·维萨里冒着被宗教迫害的危险从事人体解剖，完成了解剖学巨著《人体构造论》，纠正了盖仑的许多错误，奠定了现代人体解剖学的基础，却遭到同行的排挤和宗教制裁，最终客死海岛。 随着解剖学的发展，研究者需要大量的尸体，西方开始出现了偷盗和买卖尸体现象，但尸体仍然极度匮乏。17 世纪英国科学家哈维不得已解剖了自己的亡父，经过不懈的研究，最终提出血液循环理论，使生理学从人体解剖学中独立出来。 19—20 世纪，伴随西医东渐，人体解剖逐渐被我国医学界接纳和采用，推进了我国医学的发展。但是，由于传统思想的束缚，无论是医学研究还是教学，均面临尸源匮乏的问题，于是，历代医务工作者选择了自我捐献，他们将自己的一生毫无保留地奉献给了医学和人类的健康事业。这其中就有著名的"万婴之母"林巧稚、医学泰斗李秉权和胡素秋夫妇，以及千千万万个"大体老师"。是他们的无私奉献，才使解剖学得以长足发展，研究者们相继在临床解剖学、显微外科解剖学、组织工程学、解剖生物力学、影像解剖学、数字化虚拟人体等领域取得了很大的成就，为医学事业的发展做出了突出的贡献 感恩、奉献、科学精神 "解剖学之父"维萨里　宗教禁令下偷偷解剖尸体 "生理学之父"威廉·哈维　为医学研究解剖亡父 "万婴之母"林巧稚　终身未婚未育，为医学奉献一生 医学泰斗李秉权、胡素秋夫妇，生为医学大师，逝做无言良师

（续表）

项目	内容
案例实施方案	1. 课前发布章节学习内容和教学目标 2. 在超星学习通平台上传相关资料和自拍教学视频《艺术家的逆天之作》《解剖刀与上帝的 PK》和《解剖也疯狂》 3. 布置线上讨论题，包括 4 个研讨主题 (1)医学院的大体老师，很多都是医学工作者的自我捐献，你怎么理解这种大爱？ (2)达·芬奇没上过大学，也没有学过医，却一手操刀，一手持笔，开创了人类解剖传奇，他的故事带给你什么启示？ (3)西方医学起步这么晚，为什么却发展这么快？ (4)解剖的历史曾经如此惊心动魄，每一个知识点背后都可能意味着牺牲，你怎么看待和学习解剖学这门课程？ 4. 线上教学。围绕研讨主题分组分工、线上讨论、查阅资料，自拟题目，制作个性化文案，准备课堂分享，教师全程在线跟踪互动、回答学生疑问 5. 线下教学。教师首先就本节课流程和评价方式进行简单介绍，学生汇报后对各组进行总结、点评。每组推荐一人进行汇报，其他同学补充，组间提问、打分，增强团队意识和竞争氛围，在思辨、研讨、汇报、点评等环节中，将思政理念深植学生心中 6. 课后发布作业，检测学习效果；择优展示小组个性化作业
案例意义	解剖学的诞生是西方现代医学的起点，也是医学生开启医学之旅的起点，但是同学们却并不了解解剖学背后的故事，不了解人类如何颠覆上帝造人的千年传统思维定式，一步步揭开人体的奥秘。其间历经几百年，无数医生和患者做出了牺牲。例如达·芬奇为了绘画而解剖却发现了医学的错误，此案例鼓励学生要善于观察和思考，培养评判性思维能力；维萨里为了研究人体构造而挑战权威，最后客死无名小岛，此案例激励学生勇于实践，培养敢于追求真理的科学精神；由于尸体匮乏，哈维不得已解剖了自己的亡父，无数的前辈们终身致力医学研究，身后捐献遗体，以推动医学发展；我国著名妇产科专家林巧稚临终时将遗体捐献给医院、平生积蓄捐献给幼儿园，医学泰斗李秉权、胡素秋夫妇双双捐献遗体等实例，展示了敬佑生命、甘于奉献、大爱无疆的医者初心和使命
案例资源列表	https://mooc1-1.chaoxing.com/mooc-ans/mycourse/teacherstudy? chapterId＝769738043＆courseId＝236253258＆clazzid＝80498293(教学视频|解剖惊魂) https://mp.weixin.qq.com/s? ＿biz＝MzI1NDAzODY4OA＝＝＆mid＝2650997646＆idx＝2＆sn＝f35cf5e783c45c4c956a14ad5c552a78＆chksm＝f23ce441c54b6d57e50a856b666c08d81b795be6444c98451c705d3660cbc1cd291507733718＆scene＝27(红色故事汇|生命天使——林巧稚) https://mp.weixin.qq.com/s? ＿biz＝MzI2NTM4MTg5OA＝＝＆mid＝2247504917＆idx＝3＆sn＝d2e1f828e483f1c1eb50a5037d6a84c2＆chksm＝ea9ca570ddeb2c66e03241eb1b79691f4ce07165443d1bfd7a0001d401008285afea9839fbba＆scene＝27(李秉权、胡素秋：生为医学教授，逝做无语良师)

六、特色与创新

1. 选好内容，讲好故事，隐性育人

甄选有用、有趣、有教育意义的内容，将历史事件与社会热点结合起来，发挥医学人文课独特的育人功效。

（1）讲好历史故事。历史上的中国和中医曾光耀世界，却在明末清初被西方赶超。以史为鉴，让学生在增强文化自信的同时学会理性思考，探索中国特色的医学发展之路和医学范式，具有唯物史观和全球视野。提高学生的整体素质，为中华民族的伟大复兴和"健康中国"培养后备力量。

（2）讲好医学故事。医学是一个高度传承的学科，每一个载入史册的前辈都是优秀的育人案例，利用他们的医学成就和名人效应，剖析他们成功背后的密码和启示，启迪学生反思、讨论，培养学生深度分析、大胆质疑、勇于创新的科学精神和人文情怀。

（3）讲好身边的故事。如身边的抗疫英雄、我校学生自愿捐献遗体回馈母校、清明祭缅怀大体老师等，这些事因为真实，能打动人心，容易使学生产生情感共鸣，从而培育学生感恩、仁爱、奉献的职业精神和社会责任感。

2. "学－思－辩－行"环环相扣，使隐性育人与显性育人有机结合

采用"学－思－辩－行"模式，进行全程细节量化考评，结合实例开展专题研讨和个性化作业展示，鼓励学生深度分析、大胆质疑、积极表达。让学生从感知、理解，到反思、评辩、分享，在此过程中产生思想交流和观点碰撞，从知识积累到情感内化，再到行为转化，实现隐性育人与显性育人的统一。

七、教学效果

（1）本课程曾作为思政教学优秀案例在教务处和医学院进行公开交流和分享，获得了好评，并被评为省级线上线下一流课程、2019 年"互联网＋"教学优秀案例、思政优秀教学案例、思政专项教材建设和思政示范课等，主讲老师荣获校"首批思政教学名师"称号。

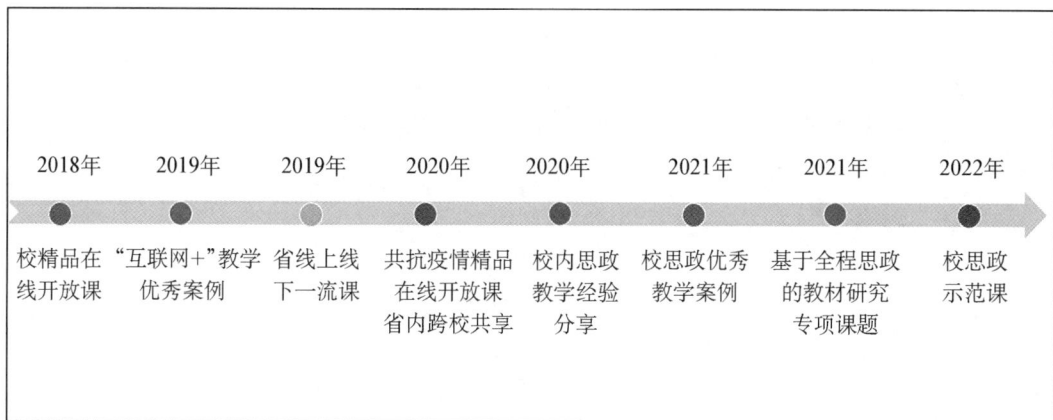

2018年	2019年	2019年	2020年	2020年	2021年	2021年	2022年
校精品在线开放课	"互联网＋"教学优秀案例	省线上线下一流课	共抗疫情精品在线开放课省内跨校共享	校内思政教学经验分享	校思政优秀教学案例	基于全程思政的教材研究专项课题	校思政示范课

(2)学生评价。近年来学生评价在 97 分以上,获得初步认可。

学期	有效评价人数	评价得分	加权得分
2020－2021-2	92	96.6685	97.4813
2021－2022-1	109	96.9534	98.5066
2021－2022-2	54	96.7444	98.3176

(莫选荣)

第 **16** 章

护理伦理学

一、课程概况

护理伦理学是培养护理学专业学生临床人文执业能力的专业核心课程,它主要研究护理道德的产生、发展和变化的规律,旨在运用护理道德原则与规范改善护患人际关系,培养学生识别护理实践中的道德问题,解决护理实践中的伦理道德难题,并能理性、公正地决策,兼顾服务对象的最大权益。护理伦理学本身的德育属性较强,与课程思政同为立德树人,与课程思政元素共构思政教育价值的共同体。开展线上线下相结合的混合式教学,在培养学生护理伦理意识和伦理决策能力的同时培育他们的职业认同感、社会责任感和人文关怀意识,并帮助他们树立责任、义务、奉献、担当的精神信念,以实现知识传授和价值引领相统一、教书与育人相统一的目标。

本课程 24 学时,1.5 学分,护理学专业大三学年开课。自 2017 年开始在超星学习通平台上建立护理伦理学课程,对本校护理学及助产学专业学生开展线上线下混合式教学;2018 年开始在平台引入思政案例讨论,并在课堂上开展"举案说伦理"教学;2021 年本课程被评定为浙江省首批高校课程思政示范课程;2022 年被学校推送为浙江省线上线下混合式一流本科课程。

二、课程目标

依据我校"应用性、地方性、综合性、高教性"的办学定位,结合新时期、新医学的新要求以及我校护理学专业学生的知识结构,设定三位一体协同发展的教学目标。

1. 知识目标

正确描述护理伦理学的理论基础、规范体系,阐述各项护理实践领域中应遵循的伦理原则。

2. 能力目标

能正确运用护理伦理原则指导护理实践、开展伦理决策;把握护理伦理学发展和研究前沿动态。

3. 素质目标

在临床诊疗过程中具有关爱生命、尊重患者的职业精神和人文关怀意识,树立"呵护生命是医学的最高宗旨"的职业价值观。

4. 思政目标

增强国家意识、社会责任感,培育社会主义核心价值观,培养全心全意为人民健康服务的使命感。

三、思政元素

1. 本课程思政元素以社会主义核心价值观为引领,主要包括 6 个方面

思政元素

A 家国情怀   B 医者仁心

C 慎独修养   D 严谨创新

E 尊医尊患   F 敬畏生命

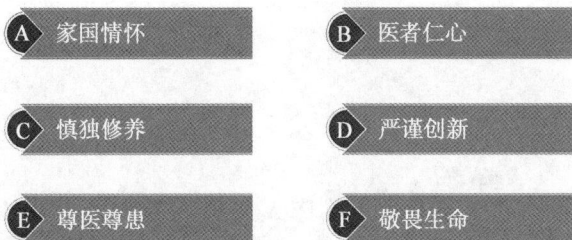

2. 具体的思政案例举例

课程思政案例必须与本课程密切相关,案例需迭代更新。时事新闻类案例要有时效性,经典案例要有可实操性。本课程部分课程思政案例呈现如下。

(1)名医大家讲故事。通过"医者德为先——裘法祖老前辈的医德报告""尚书医生讲医德"等医学前辈及临床一线医务人员的真实的医德故事,激发学生的民族自豪感,培养家国情怀和医者仁心情怀,提升学生的职业神圣感。

(2)时事新闻。通过"迎难而上,致敬最美逆行者""家属拒绝签字,产妇死亡""基因编辑婴儿诞生"等社会关注度很高的时事新闻,激发学生敬畏生命、严谨创新的伦理意识。

(3)临床真实案例。"宁愿要一个感染的患者而不要一个死人""《真相调查》'八毛门'事件"等临床真实案例,让学生学会理解医学问题的社会性,树立尊医尊患、慎独修养等正确的思想观念。

四、设计思路

1. 思政元素与专业知识衔接及实施方法

课程育人元素主要通过思政案例讨论和叙事教育、临床真实情景模拟等方式融入教学中,展现护理的人文性,体现医术和医德的统一性。

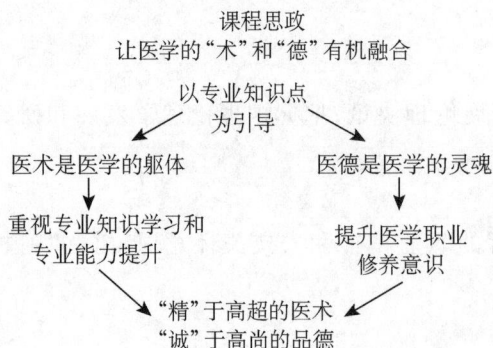

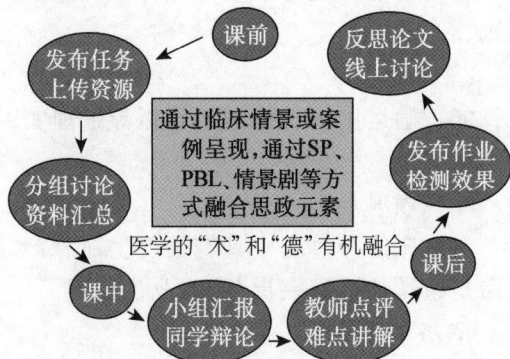

课程思政
让医学的"术"和"德"有机融合

以专业知识点
为引导

医术是医学的躯体   医德是医学的灵魂

重视专业知识学习和
专业能力提升   提升医学职业
修养意识

"精"于高超的医术
"诚"于高尚的品德

课前
发布任务
上传资源
反思论文
线上讨论
通过临床情景或案
例呈现,通过SP、
PBL、情景剧等方
式融合思政元素
发布作业
检测效果
分组讨论
资料汇总
医学的"术"和"德"有机融合
课后
课中
小组汇报
同学辩论
教师点评
难点讲解

2. 课程思政具体内容、目标及教学方法

序号	教学内容概述	课程思政育人目标	教学方法
1	护理伦理学基本理论	1. 弘扬真诚、信仰、自律的美德 2. 引导平等、善良、奉献的护理职业观	讲授＋案例讨论＋汇报 学习典籍:《杏林春暖》
2	护理伦理规范体系	1. 培养为人类健康事业奋斗的社会责任感 2. 坚定道德信念,拥有廉洁奉公、精益求精的职业素养	讲授＋案例讨论＋汇报 学习南丁格尔奖章获得者事迹
3	护患关系伦理道德	1. 培养同理心及爱患、换位思考的意识 2. 医者仁心之精神	线上观看《再生之旅》经典医学人文电影,书写并提交反思论文,线下汇报
4	护患权利与义务 临床诊疗伦理	1. 理解整体论、系统论、否定之否定原理 2. 尊重患者权利,树立法律意识	利用近视眼等标准化病人情景模拟进行伦理应用的讨论
5	护理科研的伦理道德	1. 弘扬学术道德,恪守规范 2. 尊重科学、尊重事实、坚持真理 3. 培养创新思维和科研兴趣	讲授＋案例讨论＋辩论赛 自学《纽伦堡法典》《赫尔辛基宣言》
6	公共卫生管理的伦理道德	1. 树立"人人健康"的健康观 2. 弘扬爱国主义精神 3. 塑造甘于奉献、团结合作的精神	临床情景模拟＋讲授 学习抗疫一线医务人员事迹
7	生命的本质和死亡伦理	1. 树立珍惜生命、充实价值、热爱生活的人生观 2. 关爱并尊重临终者的意识,爱岗敬业、无私奉献的职业观	讲授＋案例讨论＋思维导图 阅读《向死而生》等书籍

五、育人元素实施案例

项目	内容
案例名称	"疟原虫治疗晚期癌症"刷屏之后,钟南山这样回应
案例所属教学内容	医学科学研究的伦理道德
思政元素	家国情怀、恪守规范、探索精神
案例描述	2017 年 10 月,一则"中科院团队利用疟原虫治疗晚期癌症取得初步疗效"的消息刷爆了朋友圈。由中国科学院广州分院陈小平团队和呼吸疾病国家重点实验室钟南山院士团队一起研究的疟原虫治疗晚期肺癌取得一定成效。专家介绍,在研究中发现,疟原虫感染可以拮抗肿瘤免疫抑制微环境,显著延长患肺癌、肝癌、结肠癌和乳腺癌等实体肿瘤的小鼠的寿命。在人体试验方面,第一批临床试验中有 30 位患者接受治疗,其中 5 例有效,而这 5 例当中有 2 例"可能被治愈"。之所以说是"可能",是因为在临床医学研究中,受试者需要接受观察,5 年不复发,才能说是治愈。同时,使用青蒿素把疟原虫血症控制在安全的范围内。

项目	内容
案例描述	但此时钟南山院士不是夸大宣传，而是严谨地回应："此研究还属于初级阶段，要广泛地应用起来还需要继续深入研究及大量的临床数据支持，一旦掌握不好，对人体还是有一定的风险。"
案例实施方案	1. 课前发布章节学习信息和教学目标 2. 上传主流媒体视频至超星学习通平台供学生观看 3. 在超星学习通平台讨论区围绕视频内容和医学科学研究的知识点展开讨论，教师在平台区及时引导但不干预学生观点，重点引导学生学会自主学习和知识检索 4. 上课时一组学生（课程开始时已进行分组，每组5～6名学生）上讲台演说，下面同学提问，教师适时引导。在学生辩论过程中教师可以适时强化案例中钟南山院士和屠呦呦的新近事迹，如抗击新冠疫情和获国家科技大奖，体现时效性和现实性，以激发学生民族自豪感 5. 学生演讲和辩论结束后，教师总结并讲解本章节中的重要知识点，解答学生的疑惑 6. 课后发布作业，检测学习效果
案例意义	"疟原虫治疗晚期癌症"这一案例在"医学科学研究的伦理道德"这一章节引用，具备以下几个关键意义：①癌症是危害全人类健康的主要疾病，需要医务工作者共同努力攻克难关，以此激励学生努力学习，不断进取；②此研究由我国科学家主持开展并取得突破性进展，以此激发学生内心的民族自豪感；③研究过程中科学家们严谨的科学态度和实事求是的作风，清晰地展现了医学科学研究中的道德要求和伦理原则；④研究团队中钟南山院士和中国首位诺贝尔生理学或医学奖获得者屠呦呦等科学家有望成为学生终身学习的榜样和心目中的明星
案例反思	1. 课程思政案例讨论教学需完善组织，避免案例与教学内容的割裂，本案例教学学生总体满意度高 2. 讨论、辩论等活动为学生提供了更广阔的展现平台，挖掘出其日常观察不到的优势品质，提升其个人思政素养和个人医学人文素养，激发其学习兴趣和求知欲
案例资源列表	https://www.sohu.com/a/295122133_661686（"疟原虫治疗晚期癌症"刷屏之后，钟南山这样回应） https://v.youku.com/v_show/id_XNDA1MzQxNDQ3Ng==.html（钟南山回应"疟原虫治疗癌症"部分有效，但还要继续研究）
延伸阅读与思考	1.《纽伦堡法典》《赫尔辛基宣言》《人体研究国际伦理学指南》等资料的查找和阅读 2."免疫艾滋病基因编辑婴儿"事件的伦理思考

六、特色与创新

（1）实现了"两个结合"：线上与线下相结合、医学人文与临床实践相结合。本课程根据知识体系重构教学内容，不但有助于学生线上自主学习，而且有利于学生思考生命全周期医务人员应尽的职责，为助力健康中国建设奠定理论基础；根据教学内容设计临床情景，开展线上讨论和线下汇报，减少医学教育中存在的医学人文与临床割裂的问题，为提升医学生临床人文执业能力奠定基础。

（2）以医学专业知识和临床真实案例引领医学伦理教育全过程，尽显医学伦理在临床的应用价值。教学过程中采用 SP 和临床案例讨论等方式使教条化的伦理知识充满生机，突显伦理是医学灵魂、医术是医学躯体的特征。

（3）以医学知识引领和线上线下相结合的教学，尽显"两性一度"。重构知识体系，每一知识体系均有临床情景驱动讨论，有明确的知识、技能和思政目标要求，教学目标清晰。学生必须通过线上学习、案例讨论、课堂汇报，最终获得理论知识的临床实际应用，课程目标达成路径明晰，这些均体现了学习的创新性和高阶性。同时，课堂上鼓励学生基于已学习的知识点和临床案例提出自己不同的观点，提倡课堂讨论，发展学生临床综合思维能力，彰显本课程学习的挑战度。

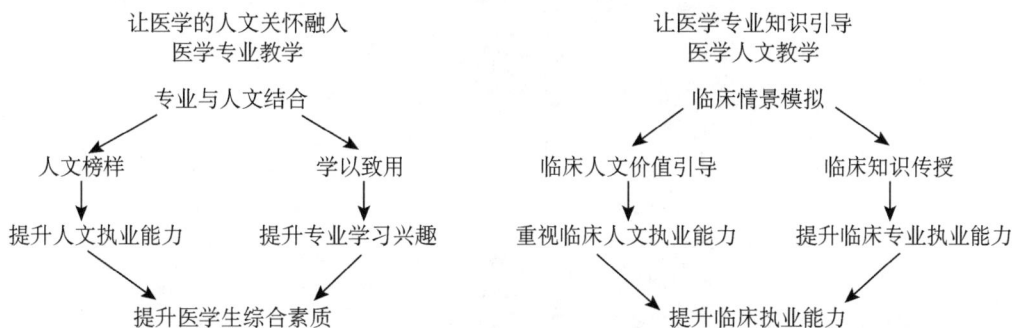

让医学的人文关怀融入
医学专业教学
↓
专业与人文结合
↙　　↘
人文榜样　　　学以致用
↓　　　　　　↓
提升人文执业能力　提升专业学习兴趣
↘　　　　　↙
提升医学生综合素质

让医学专业知识引导
医学人文教学
↓
临床情景模拟
↙　　↘
临床人文价值引导　临床知识传授
↓　　　　　　　↓
重视临床人文执业能力　提升临床专业执业能力
↘　　　　　↙
提升临床执业能力

七、教学效果

1. 学生评价

自 2017 年开始开展基于临床真实情境的"举案说伦理"的课程思政教学改革，利用 PBL 讨论、角色扮演、辩论等以学生为中心的学习方式，得到学生的一致认可，并通过 Nkongho 设计、许娟翻译的关怀能力评价量表（CAI）体现了学生人文关怀能力的提升，实现了课程思政与专业教育协同效应的目标。

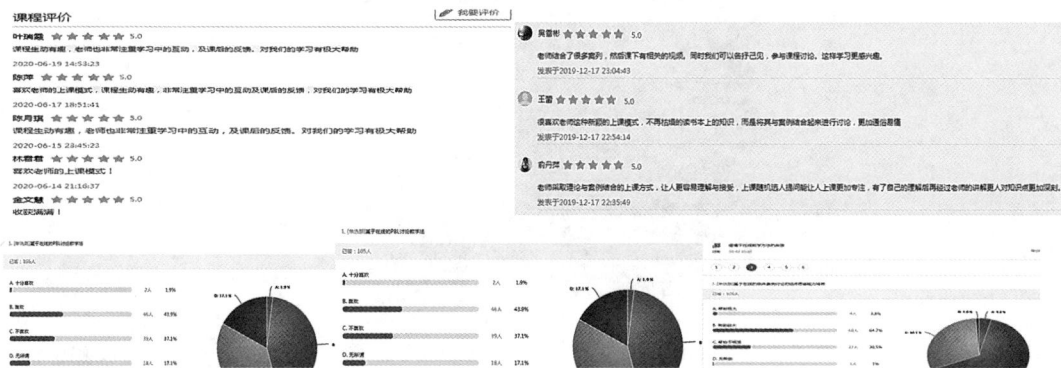

表1　两组学生CAI总分及各维度得分($\bar{x} \pm s$)

项目	2015级	2016级	t	P
总分	178.87±15.54	189.44±12.66	-6.77	0.000
认知维度	69.43±9.36	72.80±6.56	-3.78	0.000
勇气维度	52.41±7.47	56.53±8.19	-4.79	0.000
耐心维度	57.03±5.97	60.11±3.87	-5.54	0.000

表2　实验组学生各维度得分

项目	得分	国内常模水平	t	P
认知维度	72.80±6.55	73.22±9.82	-0.81	>0.05
勇气维度	56.53±8.19	59.31±10.43	-4.31	0.000
耐心维度	60.11±3.87	58.51±6.17	5.25	0.000
总分	189.44±12.66	191.04±19.49	-1.60	>0.05

2. 自身评价

在护理伦理学教学中,深入挖掘课程思政元素,构建了数十个思政案例,以强化学生的职业道德和伦理意识。这些案例不仅丰富了教学内容,也提升了教学效果,荣获 2017 年台州学院课程思政优秀案例评比一等奖。本门课程于 2021 年被评为校级及浙江省首批课程思政示范课,于 2023 年被评为浙江省高等学校线上线下混合一流本科课程,并在浙江省高校课程思政研究会上作为优秀案例展出,得到广泛认可。

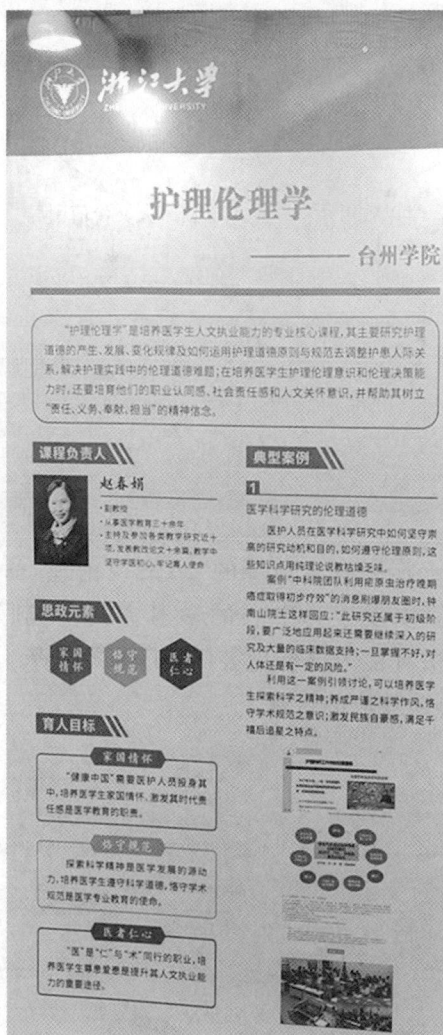

（赵春娟）

第**17**章

精神科护理学

一、课程概况

精神科护理学是护理学专业课程体系中的一门重要的临床专业课程,是关于认识精神科疾病及其预防和治疗、护理患者、促进康复、促进精神和心理健康的学科,对培养具有扎实专业知识和娴熟基本技能的护理学专业人才起着举足轻重的作用。教学目标是培养学生以扎实的专业知识和技能、高尚的人文品质和职业精神帮助精神障碍患者。精神科护理学属于护理学和助产学专业学生最先接触的临床专业课程之一,可为其他临床专业课程提供必要的知识支撑。课程通过多种形式将思政教育与专业知识进行深入的有机融合,强化知识传授、能力培养与价值引领同行并重,可培养护理学和助产学专业学生敬佑生命、救死扶伤、甘于奉献、大爱无疆的医者精神,职业认同感和社会责任感,为人民培养"有温度、有情怀"的护士专业人才。

本课程 32 学时,1.5 学分,为本校护理学和助产学专业大二学年第二学期开课的专业必修课。开设此课程前,本科生已完成人体解剖学与组织胚胎学、生理学、生物化学、病理生理学、基础护理学、基础护理学实训等相关课程的学习。目前已在超星学习通平台上建立精神科护理学课程,通过线上线下混合式教学授课。

二、课程目标

依据我校"应用性、地方性、综合性、高教性"的办学定位,结合健康中国背景下"新医科"发展战略要求及我校护理学和助产学专业学生的知识结构,以立德树人为根本,设定以学生为中心、以胜任力为导向的教学目标,立足培养卓越护理特色人才,服务全民健康和社会发展。

1. 知识目标

(1)能正确识记常见精神疾病的类别,辨别各类精神疾病的症状特点。

(2)能正确描述常见精神疾病的主要临床表现、治疗策略、护理措施、健康教育及心理护理等相关知识。

(3)熟知精神科护理相关的伦理和法律。

2. 能力目标

(1)能正确地对各类常见精神疾病进行病史采集、护理评估和风险评估。

(2)能结合临床案例及临床护理实践提出合理的护理诊断或问题,给出相应的护理措施,完成护理评价。

(3)能顺利完成精神疾病相关基本护理技能操作,能运用护理知识对精神障碍患者进行健康教育与康复指导。

(4)能有效地进行护患沟通,具有敏锐的洞察力和良好的语言表达能力,善于运用创新性思维、评判性思维独立分析并有效地解决临床护理问题。

3.素质目标

(1)具备踏实勤奋、努力求实、严谨创新的学习作风,为今后从事护理职业奠定职业道德与素质修养基础。

(2)具有勇于探索的创新精神、善于解决问题的实践能力,拥有高度的责任心、同情心和团队协作精神。

(3)能表现出健康、成熟的心理素质,适应精神科护理工作。

4.思政目标

(1)具有真挚的爱国情怀、高度的社会责任感及服务"健康中国"的使命感;了解精神疾病患者的痛苦,尊重和理解患者,能够设身处地地关心精神疾病患者。

(2)具备敬佑生命、救死扶伤、甘于奉献、大爱无疆的医者精神,始终把人民群众生命安全和身体健康放在首位,有意识地依法行医从护,做党和人民信赖的"有温度、有情怀"的好护士。

三、思政元素

本课程选用刘哲宁、杨芳宇主编的《精神科护理学》(第5版)(人民卫生出版社)作为教材,从社会主义核心价值观、中华优秀传统文化、当代法制理念、职业理想和职业道德4个思政模块融入家国情怀、社会责任、人文素养、科学精神、创新思维、职业素养、法制素养、道德修养八大思政元素,精准切入护理专业知识及技能教学与思政元素契合点,采用视频或案例教学、专题体验式教学、叙事护理教学、文字感想和反馈交流、角色扮演、分组讨论6种形式开展课程思政教育,采用线上与线下、理论与实践混合式课程思政教学方式,将学术交流、专题讲座、研讨会、交流会等开放式教学元素引入思政课堂,严明课堂纪律、活跃课堂气氛,有效提高了思政资源建设和课程思政教学效果,增强了课程思政实施的主动性和系统性,做到了知识与思政明线暗线交织、互相推动、相辅相成。

家国情怀　社会责任　人文素养　科学精神

创新思维　职业素养　法制素养　道德修养

课程思政案例与本课程密切相关,案例定期迭代更新。本课程部分课程思政案例呈现如下。

1. 视频或案例类课程思政案例

(1)在"精神分裂症患者的护理"章节之后观看电影《美丽心灵》片段,帮助学生走进以主人公纳什为代表的精神分裂症患者的内心世界,从而加深学生对精神分裂症患者的认识,引发其情感共鸣,激发其对专业知识的学习热忱。同时,也让学生认识到社会支持对精神疾病患者也非常重要,纳什正是在妻子的理解支持下,带着症状进行工作、研究,最终获得了诺贝尔奖。

案例所属教学内容:精神疾病症状学、精神分裂症患者的护理。

(2)纪录短片《武汉·重症区六层》第三集"老顽童",记录了一个在武汉新冠疫情期间总想逃离病房的阿尔茨海默病老人;电视剧《都挺好》中苏大强患上阿尔茨海默病后的视频片段;公益片《阿尔茨海默病》。通过相关视频唤起学生的职业价值感,借助共产党员榜样力量,激起学生的民族自豪感和社会使命感,并引导学生传承关爱老人的中华民族传统美德,关爱阿尔茨海默病患者和老人。

案例所属教学内容:神经认知障碍及相关疾病患者的护理。

(3)"约束后意外"案例。在"精神科护理技能"章节之后进行真实案例"约束后意外"的讨论,通过对《中华人民共和国精神卫生法》的学习让学生思考,在临床工作中必须依法执业,严格约束指征,避免擅自约束给患者带来痛苦和伤害。

案例所属教学内容:精神科护理技能。

案例 2

1. 患者的一般情况:甲患者,女性,28 岁,由急诊收入精神科。诊断:精神分裂症。医嘱:一级护理,普食。入院后评估患者有自杀倾向,情绪欠佳,生命体征正常。入院后甲患者几次冲向窗户欲跳楼自杀,均被医护人员发现并阻止,为防止甲患者再次自杀,遵医嘱给予使用保护性约束带,使用医院自制的棉布约束带和约束背心将其放在床上。甲患者在约束期间一直不配合,挣扎、吵闹,与甲患者同病室的是一位患躁郁所致精神障碍的女性乙患者,住院已半月余,情绪一直很稳定。

2. 事件发生经过:入院第二天晚间,甲患者再次挣扎、吵闹,乙患者正在睡眠,被吵闹声吵醒,情绪激动,此时护士正在巡视病房,见乙患者情绪激动,立即安抚,使其情绪平稳。当甲患者再次出现挣扎、吵闹时,乙患者趁护士不注意,快步冲到甲患者面前,朝甲患者面部打了一拳,使其平静。此时甲患者鼻部流血、变形,护士将甲患者转运到另一间病房,报告值班医生,测量生命体征,为

甲患者鼻部止血,医生请骨科及耳鼻喉科会诊,行 X 线、CT 检查。诊断:鼻骨骨折。对甲患者行鼻骨骨折复位术。术后对甲患者在保护性约束的基础上,加用心理疏导及药物治疗。

3. 本案例原因分析
(1)患者的病情使其对约束不配合。
(2)被约束患者未做到很好的隔离,易造成患者受其他患者的伤害,出现意外。
(3)医护人员对患者病情评估不足。精神病患者受到强烈刺激后易导致病情加重或反复。

应急处理流程

患者出现不良→护士立即查看受损部位→通知医生评估病情→转运患者到安全空间→密切观察患者生命体征的变化→请相关科室会诊→生命体征及受损部位发生变化时及时通知医生,采取相应措施→加强对患者的巡视及观察→报告护士长→填写《护理不良事件报告单》上报护理部→科室讨论事件发生经过,提出整改方案。

2. 专题体验式课程思政案例

设立"保护性约束体验""危重症患者护理岗位体验""精神障碍患者口服给药体验"和"幻听仿真音频体验"等专题体验环节。通过体验精神病患者的精神症状和临床护理措施,激发学生的同理心。在体验结束后,询问学生的内心感受,并呼吁学生关爱精神病患者,培养职业认同感与责任感。

案例所属教学内容:精神疾病症状学、精神科护理技能。

【幻听模拟◆】精神分裂症感受的世界

11.2万 539 2021-08-01 09:51:26

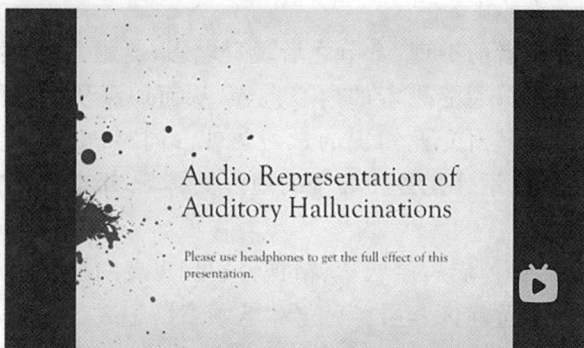

3. 叙事护理课程思政案例

在学习"抑郁障碍及双相障碍患者的护理"章节后,采用叙事护理的方法,请台州市第二人民医院护理部褚菊菜主任分享她从事精神科护理工作的感悟,讲述一位高年资护士长的从业经历,以及护理多位躁狂症和抑郁症患者成功的案例,并阐述如何共情以构建良好的护患关系、如何运用以患者为中心的 CICARE 标准化沟通模式提升临床护理服务能力和水平,来提升高质量沟通的能力。讲好身边事,教好身边人,此案例提高了学生对教学活动的参与度,对其职业认同起到了正性引导作用。

案例所属教学内容:精神科护理技能、抑郁障碍及双相障碍患者的护理。

4. 角色扮演课程思政案例

在学习"焦虑与恐惧及应激相关障碍患者的护理"章节后,布置班级学生分组扮演抑郁症患者等精神障碍患者以及患者的同学朋友,体现精神障碍患者的临床表现及特点,在下次课堂中表演或者做成视频分享展示。让学生深刻体会精神障碍患者的痛苦和病情的发展变化,体会精神障碍患者由于受精神症状支配的身不由己,以及所承受的精神痛苦,激发学生理解患者、爱护患者之心。

案例所属教学内容:焦虑与恐惧及应激相关障碍患者的护理。

5. 分组讨论课程思政案例

在学习"精神科护理技能"章节期间,课前组织学生观看电影《飞越疯人院》,课中以小组形式对电影中护理活动以及护患关系的细节进行讨论。通过回顾讨论电影中精神病院的非人道治疗及不平等的护患关系,引导学生尊重关爱精神病患者,以此建立平等和谐的护患关系;通过剖析电影中护士长这一反面人物,对其控制患者、漠视患者的行为进行批评指责,进而鼓励学生以不歧视的态度关注精神病患者的内心世界,肯定精神病患者的人生价值及个人权利,从而成为恪守伦理道德、贯彻人文关怀、践行人道主义的护理工作者。

案例所属教学内容:精神科护理技能。

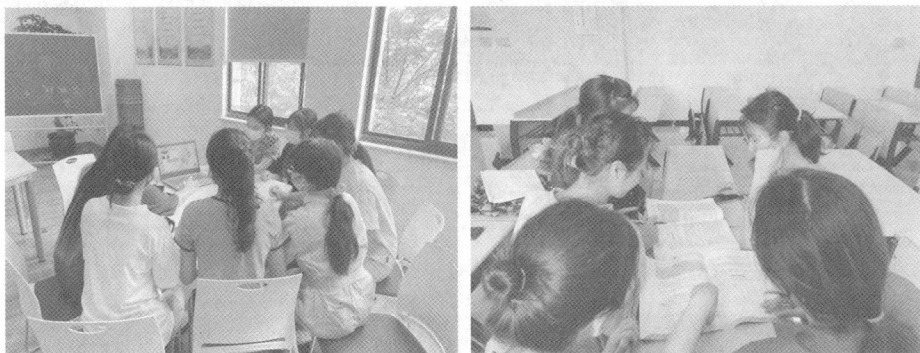

6. 文字感想和反馈交流课程思政案例

每 2 周教学结束后,拟定相关主题,要求学生针对教学活动中的人物事迹反馈自己的个人感悟。组织学生举办实践交流会,每个小组学生结合学习体验,自选一个感悟深刻的题材,以幻灯片、角色扮演、小品、微视频等形式,交流各自的收获和感悟。通过学生对交流内容的共享,加深其对精神科护理工作的认识,激发其全人护理理念,提高其职业责任感和自豪感。反馈内容如:①请你谈谈对精神科护士这个职业的认识。②你认为精神科护士应该具备哪些能力?③你对从事精神科护理工作抱有什么样的态度?④你对先进典型护理人员、最美护士、身边的护理人文关怀故事等有什么感悟?

案例所属教学内容:各类精神障碍疾病患者的护理。

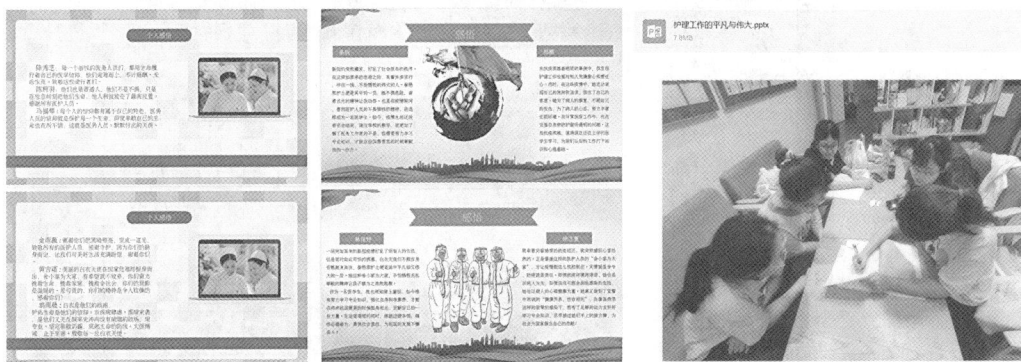

7. 课外第二课堂课程思政案例

课外第二课堂侧重实践育人。鼓励支持学生参加社会实践、校院文化活动和志愿服务等第二课堂活动,如健康教育宣讲、职业技能竞赛、护士节系列活动等,多维度开发和整合育人资源,润物无声地实现思政理念内化,发挥思政育人功效。让敬佑生命、救死扶伤、无私奉献、大爱无疆的职业责任感、使命感深植于学生心灵深处。

案例所属教学内容:精神科护理技能、各类精神障碍疾病患者的护理。

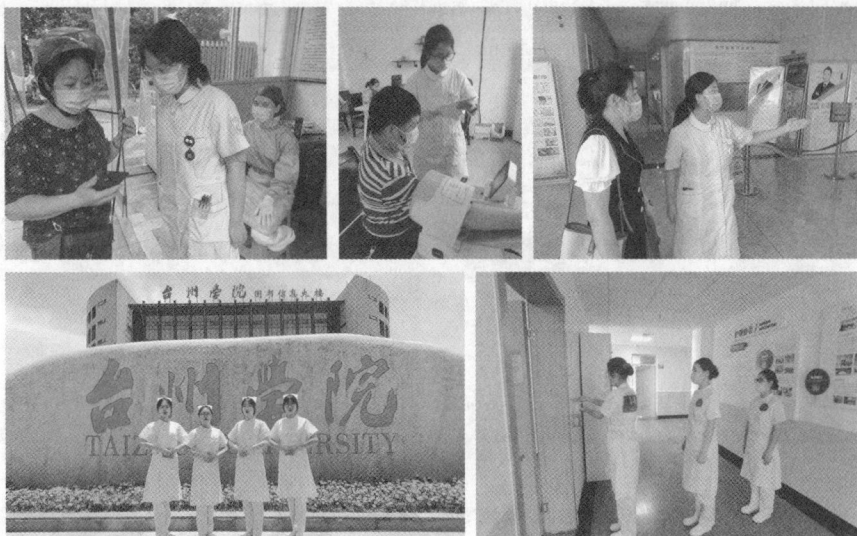

四、设计思路

1. 思政元素与专业知识衔接及实施方法

分别在课前、课中、课后和拓展环节，经教师精心设计，将思政元素通过 6 种形式巧妙融入线上和线下教学中，充分发挥课程思政在精神科护理学教学中的应用价值。

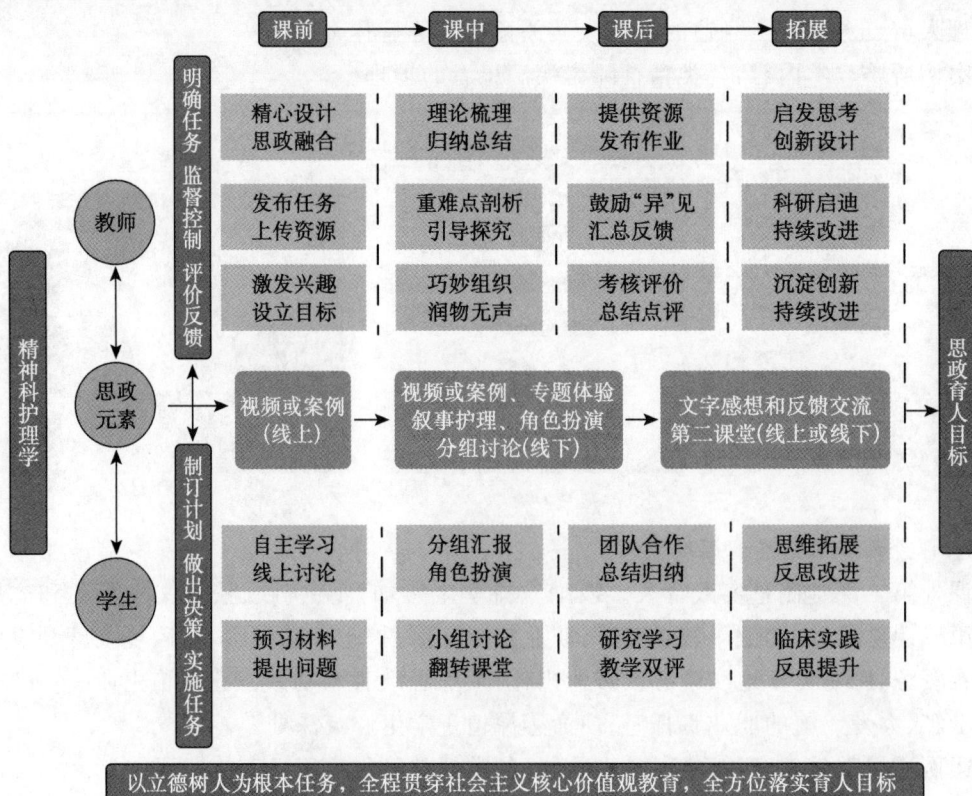

2. 课程思政具体内容、目标及教学方法

序号	教学内容概述	思政案例	课程思政育人目标	教学方法
1	绪论、精神科护理相关的伦理及法律	1. 南丁格尔奖章获得者事迹学习 2. 精准扶贫（精神障碍发病率与贫困之间存在双向关系） 3.《中华人民共和国精神卫生法》的实施 4. 反面案例（某精神科护士违法的案例）	1. 引导学生树立平等、善良、奉献的护理职业观 2. 培养学生爱岗敬业意识、责任意识、担当意识、守法精神 3. 培养学生爱国主义精神，增强学生的"文化自信"	视频或案例分析 分组讨论
2	精神疾病的基本知识（症状学）	1. 电影《美丽心灵》片段赏析 2. 交流幻听仿真体验感受	1. 引导学生体会患者痛苦，培养其共情能力，提升其人文素养 2. 引导学生树立平等、善良、尊重的职业观	视频或案例分析 角色扮演 专题体验
3	精神科护理技能	1.《飞越疯人院》电影人物分析 2. 保护性约束体验 3. 约束带材质、种类的不断改良 4. 科研创新引导：自杀"守门人"培训的效果和应用	1. 培养学生的同理心及爱患、换位思考意识 2. 培养学生精益求精的创新精神、医者仁心 3. 让学生体会沟通的重要性，完善自身人格 4. 引导学生形成科研创新思维	文字感想和反馈交流 分组讨论
4	神经认知障碍及相关疾病患者的护理	1.《武汉·重症区六层》第三集"老顽童" 2. 电视剧《都挺好》片段 3. 公益片《阿尔茨海默病》 4. 阿尔茨海默病患者的家居环境及防走失标志	1. 培养学生的同理心、爱患、换位思考意识 2. 医者仁心之精神 3. 树立为人类健康事业奋斗的社会责任感，培育关爱品质 4. 发扬传统美德，尊老敬老	角色扮演 视频或案例分析 分组讨论
5	物质使用与成瘾行为所致障碍患者的护理	1. 关于毒品危害的宣传片 2. 缉毒警察的先进事迹 3. 禁毒电影《湄公河行动》片段 4. 在西方列强的刻意引导下，近代中国人因吸食鸦片被称为"东亚病夫"，以此警醒后辈勿忘国耻、自强不息	1. 树立珍惜生命、充实价值、热爱生活的人生观 2. 培养学生"拒绝毒品，从我做起"的意识	视频或案例分析

（续表）

序号	教学内容概述	思政案例	课程思政育人目标	教学方法
6	精神分裂症患者的护理	1. 危重症患者护理岗位体验 2. 诺贝尔奖获得者约翰·纳什（精神分裂症患者）的精神症状与电影《美丽心灵》	1. 让学生理解护理工作严谨、慎独的重要性 2. 培养学生的职业责任感、职业认同感，引导职业领域选择 3. 引导学生科学认识精神疾病，学会接纳患者，消除病耻感	专题体验 视频或案例分析 文字感想和反馈交流 分组讨论
7	抑郁障碍及双相障碍患者的护理	1. 精神科护士讲授从事精神科护理工作的感悟 2. "我的抑郁自救手记"故事 3. 凡·高与"世界双相情感障碍日"	1. 培养学生的职业自豪感 2. 让学生理解临床工作应该认真严谨，培养其责任心和慎独精神 3. 培养学生人文关怀精神，提高学生的共情能力、团结协作能力 4. 引导学生树立正确的世界观、人生观、价值观	叙事护理 文字感想和反馈交流
8	焦虑与恐惧及应激相关障碍患者的护理	1. 体验正念治疗 2. 短视频《他为何多次拨打120?》 3. 主题讨论：惊恐发作患者的濒死感是装出来的吗？ 4. 武汉精神科专家讲述：如何打赢新冠疫情心理搏击战，预防PTSD	1. 引导学生体会完善人格品质的重要性 2. 培养学生全人护理理念 3. 引导学生树立关爱患者、热爱生活的人生观	角色扮演 视频或案例分析 分组讨论 专题体验
9	神经发育障碍患者的护理	1.《海洋天堂》中孤独症患者的困境 2. 抽动症儿童在老师和家人的鼓励与支持下取得成功的励志故事 3. 短片《守护"星星的孩子"》	培养学生关爱儿童的意识	视频或案例分析
10	心理因素相关生理障碍患者的护理	"催吐族"——曾以为控制体重就控制了人生	培养学生的健康生活习惯和健康身体认知	视频或案例分析
11	躯体治疗观察与护理	精神障碍患者口服给药体验	训练学生的评判性思维能力，培养其创新精神	专题体验

五、育人元素实施案例

项目	内容
案例名称	《武汉·重症区六层》第三集"老顽童"
案例所属教学内容	神经认知障碍及相关疾病患者的护理——阿尔茨海默病
思政元素	家国情怀、社会责任、人文素养、道德修养
案例描述	新冠疫情暴发之时,在武汉同济医院光谷院区的新冠重症病房,有一位特别的患者似乎"不听话",他总是不戴口罩、擅离病房、在走廊里大喊大叫。因患者进入走廊会增加医护人员感染的风险,医生和护士们多次劝他回病房,但均无效果。在与老人接触的过程中,医护人员始终保持耐心、细心,他们不止一次地陪老人聊天,从中了解到,老人当过兵,还说自己见过周总理,说自己已经很久没洗澡,连续几个月被关在屋子里,甚至怀疑病房里除了护士长都是坏人,问及病史,发现老人并不知晓。某一天,老人被医生劝回病房后开始崩溃大哭,把如今的境地理解为自己快死了。医生告诉他,他的病情很稳定,一切都好,但他情绪仍没有好转,医生只好给他儿子打电话。直到最后,医生才从他儿子口中得知他这一切行为的缘由。原来老人患有阿尔茨海默病,电话中儿子问父亲:"我只问你是不是共产党员?"老人回答:"谁说我不是共产党员,我死了都还是共产党员!"儿子说:"你以前都是模范,现在医生都在尽力帮你,你却还在这里哭,你起模范带头作用了吗?"至此,老人记起了自己是共产党员,之后便再也没有在医院闹过情绪。 《时尚先生 Esquire》联合腾讯新闻连续发布系列纪录短片《武汉·重症区六层》,本案例为系列第三集——老顽童,视频网址链接:https://v.qq.com/x/cover/mzc00200dotisih/o0931vcirqh.html
案例实施方案	1. 课前发布章节信息、下节课任务及学习目标 2. 在超星学习通平台上传纪录片《武汉·重症区六层》第三集"老顽童"视频供学生观看 3. 在平台讨论区围绕视频内容展开讨论,引导学生学会自主学习和知识检索 4. 上课时分组(每组 7～8 名学生,课程开始时已进行分组)进行讨论、角色扮演等,组长上讲台汇报感悟,下面同学提问,教师适时引导 5. 学生汇报结束后,教师总结并讲解本章节中的重要知识点,解答学生的疑惑 6. 课后布置课外任务、拓展阅读内容,教师评阅作业,逐个点评
案例意义	《武汉·重症区六层》第三集"老顽童"这一案例在"神经认知障碍及相关疾病患者的护理——阿尔茨海默病"这一章节引用,具备以下几个关键意义: 1. 阿尔茨海默病会严重影响患病老年人的基本生活,属于危害极大的老年精神疾病,而目前医学界还没有找到治愈这种病的办法,需要医务工作者共同努力攻克难关,以此激励医学生努力学习、不断进取 2. 老顽童爷爷身患阿尔茨海默病,但仍说自己是共产党员,在病房也要发挥模范带头作用,朴素的共产党员的模范作用,是老人一生的信念! 以此激发学生内心对党的认同感和民族自豪感 3. 在武汉出现新冠疫情、人民群众健康面临威胁的危难时刻,医生们挺身而出,形成了守护人民健康的坚实防线,以此激发学生为人类健康事业奋斗的社会责任感和职业自豪感

（续表）

项目	内容
案例意义	4. 通过拓展阅读文献《痴呆患者居家环境管理指南意见》，引导学生传承关爱老人的中华民族传统美德
	5. 讲解中国首创、国际首个靶向脑-肠轴的治疗阿尔茨海默病的原创新药甘露特钠胶囊（GV-971）的发明，研究过程中科学家们表现出严谨的科学态度和实事求是的作风。借助榜样力量，激起学生的民族自豪感和社会使命感，引导学生从患者需求出发，不断思考、探索和创新，促进护理学科发展
案例反思	1. 课程思政案例讨论教学需完善组织，避免案例与教学内容的割裂，本案例教学学生总体满意度高
	2. 讨论、角色扮演等活动为学生提供了更广阔的展现平台，挖掘出其日常观察不到的优势品质，提升其个人政治素养，培养其家国情怀，激发其学习兴趣和求知欲
延伸阅读与思考	1.《痴呆患者居家环境管理指南意见》
	2. 中国首创、国际首个靶向脑-肠轴的治疗阿尔茨海默病的原创新药甘露特钠胶囊（GV-971）的发明

六、特色与创新

精神科护理学属于护理学专业临床课程，思政元素和课堂教学的有机融合是实现价值引领与知识传授相统一的重要手段。本课程将思政元素与单元主题相结合，拓展涵盖家国情怀、人文素养、道德修养和职业素养等范畴的文本、图片以及音视频资源，将思政元素如盐入水般自然融入教学的各个环节，更好地发挥专业课程在大学生思想政治和德育教育中的渗透、融合和融化作用。

（一）专业知识与思政教育相融合

以健康中国建设为背景，根据学生学习特点设计教学内容，践行"以学生为中心"的理念，实现"知识传递—融通应用—拓展创造"梯度教学方法。注重在课程传输的过程中融合思政教育，以课程思政教育为抓手，结合专业知识和实践理念，不断提升课程教育效率，实现思政与专业课程有机融合。

（二）教学方法、学生学情和时代背景相结合

以"新医科"理念为基础，借助超星学习通和中国大学 MOOC 等网络平台，实施线上线下混合式教学，探索多元化的教学方法，采取视频或案例教学法、项目化教学、情境式教学、沉浸式教学等多种方法，将社会主义核心价值观等思政元素融入精神科护理学教学过程。把典型案例做成微视频、微课，让学生直观感受，并可在线上讨论区留言。在线下教学中，划分学习小组，以任务驱动式教学法提高学生学习主动性，让学生在轻松、愉快的课堂教学与交流中感悟家国情怀，锻炼意志品质，使育人更有力度。

七、教学效果

(一)学生认可度提高、获得感强

学生学习本课程后,非常认可此教学模式,学生评教分数较高,均表示对此类课程思政教学活动很满意。课程提高了学生的学习兴趣,改变了学生对精神病医院和精神障碍患者的认知,获得了丰富的学习感悟和心得。部分学生从过去对精神病患者感到特别恐惧,到认为自己可以到精神病院工作,增强了职业认同正性作用感知。大部分学生通过学习都能够深刻体会到精神病患者的痛苦和不易,从而增强了同理心,并体会到护患沟通的重要性。

(二)对专业课程思政建设有良好的推动作用

本课程已在超星学习通平台开课,深入挖掘精神科护理学课程蕴含的思政元素,通过医教融合,收集精神卫生和心理健康案例资料,开发课程思政素材资源库,建设护理学专业精品课程。获批立项教学改革项目:基于 OBE 理念下精神科护理学课程思政教学改革的研究与应用。护理学为浙江省级一流本科专业,组建精神科护理学课程思政教学团队,开展教研文化和机制的研究与探索,提出专业课程与思政元素有效融合的实践路径,对护理及助产人才培养,尤其是对提升医学生人文素养具有重要意义,对护理学专业课程思政体系建设具有良好的推动作用。

(耿秀超)